跨文化交际理论背景下
高校英语教学融合与渗透研究

张 涛 / 著

吉林出版集团股份有限公司
全国百佳图书出版单位

图书在版编目(CIP)数据

跨文化交际理论背景下高校英语教学融合与渗透研究 / 张涛著. -- 长春：吉林出版集团股份有限公司, 2023.6
ISBN 978-7-5731-3844-6

Ⅰ.①跨… Ⅱ.①张… Ⅲ.①英语—教学研究—高等学校 Ⅳ.① H319.3

中国国家版本馆 CIP 数据核字（2023）第 135953 号

跨文化交际理论背景下高校英语教学融合与渗透研究
KUAWENHUA JIAOJI LILUN BEIJING XIA GAOXIAO YINGYU JIAOXUE RONGHE YU SHENTOU YANJIU

著　　者：	张　涛
责任编辑：	矫黎晗
装帧设计：	马静静
出　　版：	吉林出版集团股份有限公司
发　　行：	吉林出版集团青少年书刊发行有限公司
地　　址：	吉林省长春市福祉大路 5788 号
邮政编码：	130118
电　　话：	0431-81629790
印　　刷：	北京亚吉飞数码科技有限公司
版　　次：	2024 年 3 月第 1 版
印　　次：	2024 年 3 月第 1 次印刷
开　　本：	710mm × 1000mm　1/16
印　　张：	13.75
字　　数：	214 千字
书　　号：	ISBN 978-7-5731-3844-6
定　　价：	86.00 元

如发现印装质量问题，影响阅读，请与印刷厂联系调换。电话：010-82540188

前言

21世纪,跨文化交际已经成为当前的人文特征之一,跨文化交际能力是人才培养的重要内容,培养学生的跨文化交际能力也成为英语教学的最终目标。早在20世纪80年代,英语教学就围绕培养学生的语言能力还是交际能力展开了讨论。随着交际法的日渐盛行以及对于语言和文化关系研究的广泛开展,越来越多的专家和学者开始将注意力从培养学生的语言能力和交际能力转向培养学生的跨文化交际能力。然而,我国高校英语教学长期以来按照传统英语教学的方式,大量讲授语法,导致我国英语教学在培养学生跨文化交际能力方面有所欠缺,由于文化差异而导致的误解也常常使学生陷入跨文化交际失误的困境。既然英语教学的目的是使学生能够用所学的英语恰当而有效地进行交际,那么在英语教学中增强他们的跨文化意识以及培养他们的跨文化交际能力就变得非常必要了。鉴于此,笔者特别撰写了本书。

本书共有七章。第一章作为全书开篇,首先对跨文化交际理论进行阐述,包括语言、文化、交际的关系以及跨文化交际的内涵解析。第二章探讨了跨文化交际理论与高校英语教学的融合,涉及跨文化交际理论在高校英语教学中的作用、影响高校英语跨文化交际教学的两大因素、跨文化交际理论融入高校英语教学的现状与策略。在上述章节内容的基础上,第三章重点研究了跨文化交际理论背景下高校英语教学内容的构建,包括跨文化交际理论背景下的高校英语词汇、语法、听说、读写译教学。第四章研究了跨文化交际理论背景下高校英语教学模式的创新,重点针对英语网络教学、多模态互动教学、课程思政教学这几个方面的内容展开分析。第五章结合本书主题,探讨了跨文化交际理论背景下高校英语教学中中华优秀传统文化的融入,分析了中华优秀传统文化融入高校英语教学的意义、高校英语跨文化交际教学中的"中华文化失语"现象、高校英语跨文化交际教学中"中华文化失语"的改善策略。第六章与第七章分别探讨了跨文化交际理论背景下高校英语教师专业素养的提升、教学评价的多元化两个方面的内容。

  本书从跨文化交际角度出发探索高校英语教学的理论体系建构,符合社会发展以及英语教学发展的规律。此外,本书从理论分析入手,以此为指导详细论述有关高校英语教学的实践内容,符合读者的认知规律,具有很强的实用性。本书内容丰富、语言朴实、通俗易懂,体现了较高的使用价值,相信会给相关学者和教师的研究带来些许帮助。

  本书在撰写的过程中,参阅了大量有关跨文化交际与英语教学的资料或文献,同时为了保证论述的全面性与合理性,书中也引用了许多专家、学者的观点。在此,谨向以上相关作者表示最诚挚的谢意,并将相关参考文献列于书后,如有遗漏,敬请谅解。由于作者写作水平有限,书中难免存在疏漏之处,恳请广大读者不吝指正。

张涛

2023 年 5 月

目　录

第一章　跨文化交际理论阐述 …………………………… 1
　第一节　语言、文化、交际的关系 ……………………… 1
　第二节　跨文化交际的内涵解析 ………………………… 21

第二章　跨文化交际理论与高校英语教学的融合 ………… 22
　第一节　跨文化交际理论在高校英语教学中的作用 …… 22
　第二节　影响高校英语跨文化交际教学的两大因素 …… 24
　第三节　跨文化交际理论融入高校英语教学的现状 …… 55
　第四节　跨文化交际理论融入高校英语教学的策略 …… 57

第三章　跨文化交际理论背景下高校英语教学内容的构建 ……… 60
　第一节　跨文化交际理论背景下的高校英语词汇与语法
　　　　　教学 ……………………………………………… 60
　第二节　跨文化交际理论背景下的高校英语听说教学 … 72
　第三节　跨文化交际理论背景下的高校英语读写译教学 …… 83

第四章　跨文化交际理论背景下高校英语教学模式的创新 ……… 104
　第一节　跨文化交际理论背景下高校英语网络教学的实施 … 104
　第二节　跨文化交际理论背景下高校英语生态课堂的构建 … 126
　第三节　跨文化交际理论背景下高校英语多模态互动教学
　　　　　的应用 …………………………………………… 129
　第四节　跨文化交际理论背景下高校英语课程思政教学的
　　　　　融入 ……………………………………………… 132

第五章　跨文化交际理论背景下高校英语教学中中华优秀传统文化的融入 ················ 137
第一节　中华优秀传统文化融入高校英语教学的意义 ········· 137
第二节　高校英语跨文化交际教学中的"中华文化失语"现象 ················ 140
第三节　高校英语跨文化交际教学中"中华文化失语"的改善策略 ················ 145

第六章　跨文化交际理论背景下高校英语教师专业素养的提升 ················ 160
第一节　高校英语教师的角色与素质 ················ 160
第二节　高校英语教师跨文化交际能力提升的困境 ········· 172
第三节　跨文化交际理论背景下高校英语教师文化意识培养的路径 ················ 175

第七章　跨文化交际理论背景下高校英语教学评价的多元化 ······· 181
第一节　高校英语教学中的测试与评价 ················ 181
第二节　高校英语跨文化交际教学评价的多元路径 ········· 193
第三节　跨文化交际理论背景下高校英语动态评价体系的建构 ················ 196

参考文献 ················ 205

第一章　跨文化交际理论阐述

语言是文化的载体,随着人类社会的产生而产生,随着人类社会的发展而发展,是人类社会一切领域的交际工具。作为构成社会上层建筑之一的文化,包括了一个民族的生活方式、传统习惯及思维方式,而语言是其载体。可以说,语言是民族文化的重要表达形式,它反映了一个民族的传统习惯和文化积累。语言与社会文化的关系是十分密切的。如今,语言已经不是国与国交往的一大障碍,能否理解与把握他国文化成了主要的交往障碍,因此人们要想成功展开跨文化交际,首先就需要具备跨文化交际能力,以便准确看待他国的文化。众所周知,语言、文化、交际之间的关系必然会使跨文化交际与高校英语教学联系起来。本章作为开篇,首先分析语言、文化、交际三位一体的关系,进而探讨跨文化交际的内涵。

第一节　语言、文化、交际的关系

一、语言

(一)语言的概念

语言是一种交际工具,它借助各种系统的、复杂的声音传递形形色色的内容,如各种复杂的情感或包罗万象的意义等。观察角度不同,语言所传递的内容或所表达的感受是不同的。

首先,从形式上分析,语言通过声音传达(即语音)。语音是一个复杂的系统,它由人的发音器官发出的单个或多个语音单位组成。每个民族都有自己的语音构成成分及特点。

其次,从内容上分析,语音传达的具体意义(即语义)既可以是客观世界本身的状态,也可以是人们的主观态度,甚至是虚构的内容。[①] 语义由许多具体单位所体现,如词汇、句子等。

最后,从组织结构上分析,语言虽然包括语音、语义和词汇,但是语音、语义和词汇只有依靠一定的方法联系在一起,才能表达一定的内容和思想。这个联系语音、语义和词汇的方法就称为语法。由此可分析出,语言是一个由语音、语义、词汇和语法构成的复杂的、功能强大的符号系统。

其实,至今语言都没有一个被公认的定义。我们只能从语言学家对语言的相关研究中总结出一个定义:语言是人类特有的,是重要的交际工具、思维工具和文化载体,是语音、语义、词汇和语法相结合的符号系统。

从这个定义中,我们可以分析出四个方面的内容:第一,语言是人类独有的,是其他动物所没有的;第二,语言具有自身的特殊性;第三,语言由语音、语义、词汇和语法组成;第四,语言是人类交际活动和思维活动的重要工具和载体。

(二)语言的特征

语言对于人类来说至关重要,它具有其他物种的表达方式不可比拟的独特性。

1. 二层性

二层性是指语言具有两层结构的特性。在语言中,上层结构指词之类的上层单位,底层结构主要指语音。上层结构由底层结构的元素构成,每层结构都有独特的组合规则。也就是说,话语的组成元素是语音,语音可组成词。语音是无意义的,而词之类的上层单位是有明确意义的。上层单位虽有意义却无法细分成更小的元素。

[①] 池昌海. 现代语言学导论[M]. 杭州:浙江大学出版社,2007.

语言的二层性使语言拥有了一种强大的能产性。大量的单位由很少数量的成分组成。运用大量的词,可以产生无穷的句子,这些句子又可以形成无穷无尽的语篇。

2. 线条性

线条性是指人们在说话时,语言符号往往依次出现在时间线条上。在同一时间里,人们是不能说出两个符号或两个语音单位的,而且语音符号也不能在同一个空间面上呈现。语言的线条性特征体现了语言具有长度,语言要素是相继出现的,而且不能同时出现两个语言要素。

此外,从语言符号的表现形式上也可以看出语言具有线条性。话语首先表现为具有语义的一连串音波,它只能一个音位接着一个音位、一个词接着一个词地说出来,从而构成一种链式排列。语言符号的线条性使得语言要素能够一个挨着一个地进行组合,构成不同的组合体。

3. 稳定性

稳定性是指语言符号一旦确立,便不会轻易更改。语言的稳定性是由语言作为交际工具的职能决定的。若语言频繁变动,人与人之间的交际将难以正常进行。经过一代一代的遗传,一些语言符号已既定,人们只有接受。也就是说,处在一定阶段的语言是稳定的。稳定性为处在某一时点上的语言状态进行静态描写提供了可能。

4. 可变性

语言符号和整个语言体系是具有可变性的。语音形式和语义内容需相互适应,但又不相适应,二者之间的矛盾关系必然导致变化,语言会随着语音形式和语义内容的变化而变化。同时,语言与社会保持着密切的关系。随着社会的发展,语言也要相应发展,以满足社会交际的需求,从而更好地为社会服务。

(三)语言的基本功能

1. 语言的交际功能

语言是交际工具,人们运用语言进行交际的过程,实际上就是对信息进行处理的过程。这个信息处理过程具体包括信息的编码、发出、传送、接收和解码。

第一，编码。人们传递信息，需要借助一定的语句进行表达。语句由词语组成。也就是说，人们先选择恰当的词语，然后将词语按照语义要求和语法规则进行组织编排，最后组成所要表达的语句，这就是语言的编码过程。在编码时，人们应力求编码清晰、明确，避免失误，防止造成语义表达错误。

第二，发出。编码完成以后，通过发送器把语言形式输出。口语的发送器是发音器官。发送器必须准确地把编成的语言形式输出。

第三，传送。语言形式一旦输出，语义内容随即附着语言形式进行传送。口语的声波负载着语义内容通过空气或信道传送到听话人耳朵里。在传送过程中，信道畅通才能保证信息的正常传送。[1]

第四，接收。语言形式通过信道传送给接收者，接收者通过接收器接收语言形式。在口语交际过程中，听觉器官就是接收器。听觉器官必须准确地辨认语言形式，以避免接收误差。

第五，解码。解码即接收者将接收的语言形式转化为语义内容，以理解传递者传达的信息。如果解码失误，那么信息理解便会出错。

总之，语言是人类特有的交际工具，是人类最重要的交际手段。语言可以不依赖任何其他工具的帮助而独自完成交际任务。人类其他的交际工具都是在语言的基础上产生的，不能脱离语言而存在。

2. 语言的思维功能

从语言学的角度来说，人不是生而自由的。我们继承的语言充满了古怪的说法、各种古语和烦琐的语法条目。更重要的是，我们继承的某些固定的表达方式可能会束缚我们的思想。语言成为思想的塑造者，而不仅仅是表达思想的工具。换句话说，由于每种文化都以一种非常无意识和独特的方式通过语言对经验进行分类，语法思维在我们出生前就由我们所处的文化决定了。

然而，直到 20 世纪早期，至少在西欧和美国，语言通常被认为是一种中立的媒介，不会影响人们体验世界的方式。彼时的观点认为，无论

---

[1] 倪立民. 语言学概论[M]. 杭州：浙江大学出版社，1988.

是学习和使用阿拉伯语还是在英语环境中长大的人,他们对世界的体验都是相似的。人们并不认为语言的不同性质会影响说这些语言的人。从这个角度来看,语言仅仅是表达思想的载体,而不是思想的实质塑造者。

这种语言观后来受到两位美国人类学语言学家萨丕尔和沃尔夫的质疑。他们认为,语言影响甚至决定了人们的思维方式。他们把语言和人们体验世界的方式之间存在这种关系的可能性形成了一种假设。根据这个假设,人们并不生活在整个世界的中心,而只是世界的一部分,即我们的语言让我们知道的那一部分。语言为每个社会提供了一个不同的轨道网络,因此语言只集中于现实的某些方面。语言之间的差异不仅仅是交流的障碍,也代表了不同人的"世界观"以及他们对所处环境的理解的基本差异。

例如,对一首简单的诗的理解,不仅包括对单个词的一般意义的理解,而且还包括对这些词引申意义及词中反映出来的整个社会生活的充分理解。即使是相对简单的感知行为,也比我们想象的更容易受到被称为语言的社会模式的支配。例如,如果一个人画了几十条不同形状的线,他会认为它们可以分为"直的""弯的""弯曲的""之字形"等类别,因为这些语言术语本身具有分类暗示性。我们所看到的、听到的和体验到的在很大程度上与我们所做的相似,因为我们所在群体的语言习惯预先决定了解释选择倾向性。

由此可见,语言是形式,文化是内容,语言是传播文化的工具。思维是通过语言对客观世界间接的和概括的反映。语言是一个民族的文化表现与承载形式,要了解该民族的文化必须先了解其语言。[①]

二、文化

"文化"(culture)这一词语意味着什么呢?它有多种意义。例如,人们认为那些能读会写的人,那些懂得艺术、音乐和文学的人是"文化人"。不同的人对文化的理解有不同的方式,每一种方式都或多或少有助于我们理解某个过程、事件或关系。遇到陌生人时,第一个被问的问题通常

---

① 叶宝奎. 语言学概论[M]. 北京:中国人民大学出版社,2015.

是"你来自哪里?"这主要是想了解这个人长大的地方或者是想知道这个人之前住在什么地方。我们下意识地认为在同一地方长大或生活的人说同样的语言,有很多相同的价值观,用相似的方式交流,换句话说,他们被认为具有相同的文化。有时我们甚至会认为文化是商品或产品,如玩具、食品、电影、视频和音乐,并且可以在国际上自由进出口。这些对"文化"印象式的理解不一而足。

实际上,在我国的古代文献中,"文化"两个字是分开出现的。"文"的本来意思为各种颜色交错,"物相杂,故曰文","天文"指自然规律,"人文"指人伦社会规范。"化"的本意是改变、变化之意。《说文解字》将"化"解释为"教行也",即改变人类原始的蒙昧状态以及进行各种教化活动。从汉代开始,"文"与"化"连缀出现,"文化"与"武力"相对应,是动词,具有"文治教化"之意。近现代所讲述的文化,则为19世纪末自日文转译过来的。英文单词culture,源于拉丁文动词cultura,含有"耕种、居住、加工、留心、照料"等多种意思。随着时间的推移,culture含义逐步深化,由对树木、作物等的培育引申为对人类心灵及情操的培养,从人类的生产活动逐渐引向人类的精神领域。19世纪中叶以来,"文化"一词开始具有现代意义,并且随着人类学、社会学等人文学科的兴起而成了这些学科的重要术语。

(一)文化的概念

自从进入近代研究视野,"文化"这一概念在中外学术界不同学科领域曾出现上百种甚至更多的定义。美国描写语言学家爱德华·萨丕尔(Edward Sapir)定义文化为"一个社会的行为和思想"。[1] 露丝·本尼迪克特(Ruth Benedict)认为,"真正把人们凝聚在一起的是他们的文化、共同的思想和标准"。[2] 美国人类文化学家爱德华·霍尔(Edward T. Hall)提出:"文化是人类的媒介。[3] 人类生活的方方面面都受到文化的影响和改变。这意味着人的个性、表达方式(包括情感的表现)、思考方式、行为方式、解决问题模式、所居住城市的规划和布局、交通系统的运行

---

[1] Edward Sapir. Language:An Introduction to the Study of Speech[M]. Language,Race and Culture,1921.
[2] 露丝·本尼迪克特著.文化模式[M].北京:社会科学文献出版社,2009.
[3] Hall,Edward T. Beyond Culture[M].Garden City,NY:Anchor Press,1977:91.

和调度,以及经济和行政系统如何组建和运行都受到文化的制约。"人类学家克拉克洪(Clyde Kluckhohn)认为,"就文化而言,人类学意味着一个民族的整体生活方式,即个人从他的群体中获得的社会遗产,或者文化可以被看作人类创造的环境的一部分"。① 英国语言学家布朗(H. D. Brown)则这样来看待:"文化是生活在特定地理区域的人们或多或少共同拥有的信念、习惯、生活方式和行为的集合"。②

此外,柯恩(R. Kohls)认为,"文化是指特定人群的总体生活方式。它包括一群人想的、说的、做的和制造的一切"。③ 文化学家罗伯逊(I. Robertson)的观点是,"每个社会的文化都是独特的,包含了其他社会所没有的规范和价值观的组合"。④ 荷兰学者吉尔特·霍夫斯塔德(G. Hofstede)在2001年提到,"我认为文化是将一个群体或一类人与另一个群体或一类人区分开来的思想上的集体程序。'思想'代表了头、心和手——也就是说,它代表了思考、感觉和行动,以及对信念、态度和技能的影响"。⑤

文化定义的多元化说明文化确实是一个庞大且不易把握的概念,虽然各有侧重,但这些解读和界定都解释了文化的一个或几个层面。

(二)文化的分类

由于文化的多样性和复杂性,我们很难给文化下一个明确清晰的定义,对文化的分类也是众说纷纭、不尽相同。我们从一个侧面来看文化的分类,文化也可以理解为满足人类需求的一种特殊方式。所有人都有一定的基本需求,比如每个人都需要吃饭和交朋友等等。心理学家亚伯

---

① Kluckhohn, Clyde and Alfred L. Kroeber. Culture: A Critical Review of Concepts and Definitions[M]. Cambridge, MA: The Peabody Museum, 1952.
② (英)布朗(H. D. Brown).语言学习与语言教学的原则[M].北京:外语教学与研究出版社,2002.
③ R.Kobls.Survival Kit for Overseas Living: For Americans Planning to Live and Work Abroad[M].Intercultural Press Inc,1979.
④ C. L. Cooper and I. T. Robertson. International Review of Industrial and Organizational Psychology[M].Chichester, New York, etc: Wiley,1988.
⑤ G.Hofstede.Culture's consequences: International differences in work−related values [M]. Newbury Park, CA: Sage,1984.

拉罕·马斯洛(Abraham Maslow)认为,人都有五种基本需求:①

第一,生理需求,这是我们赖以生存的基本需求,包括食物、水、空气、休息、衣服、住所以及一切维持生命所必需的东西,这些需求是第一位的。马斯洛认为,人类所进行的一切生产生活活动,首先是要满足自己的生理需求,所以文化的出现也是一样的道理,人类创造出文化,首先是要为了满足人类自身的生理需求。因此,就这一方面来说,物质文化的出现主要是用来满足人类的生理需求的。为了满足这一需求,人类开始进行劳动生产、种植作物,制作御寒的衣服,建造避风的住所,随之而来的,便出现了饮食文化、服饰文化、住宅文化等。

第二,安全需求,首先,我们得活下去,然后我们得保证安全。安全需求有两种,身体安全的需求和心理安全的需求。文化的心理需求功能的出现,正是人类在满足了自己的物质需求之后,为了得到心灵上的慰藉和追求精神上的归宿而创造出的更高层次的精神文化。文化可以帮助人们在无助或者是遇到在物质方面无法解决的问题时,能够获得一种精神上的寄托,是支撑人类心灵的精神支柱。

第三,归属感需求,一旦我们活着并且安全了,我们就会尝试去满足我们的社交需求。与他人在一起并被他人接受的需求,以及属于一个或多个群体的需求,例如,对陪伴的需要和对爱和情感的需要是普遍的。文化可以规范同一个国家或同一个民族成员的观念制度、意识和行为,使这个国家或民族的成员能够对自己的国家或民族有一种共同的归属感。通过文化对一个社会的不断整合,可以出现"整体大于各部分之和"的效果,各个地区、各个民族的文化也可以互相融会贯通,从而加强民族团结,促进整个社会的稳定与发展。

第四,尊重需求。这是对认可、尊重和声誉的需求,包括自尊,以及对他人的尊重。努力实现、完成和掌握事务,往往是为了获得他人对自己的尊重和关注。

第五,自我实现的需求,人的最高需要是实现自我,充分发挥自己的潜力,成为自己可能成为的人。很少有人能完全满足这种需求,部分原因是我们太忙于满足较低层次的需求。

根据马斯洛的理论,人们按上述的顺序满足这些需求。如果把这些

---

① (美)亚伯拉罕·马斯洛(Abraham H. Maslow)著;许金声等译. 动机与人格 第3版[M]. 北京:中国人民大学出版社,2007.

需求从低到高比作金字塔的话,人们在攀登金字塔时总是先翻过第一步才能爬上第二步,通过第二层才能到达第三层,以此类推。尽管人类的基本需求是相同的,但世界各地的人们满足这些需求的方式各不相同。每种文化都为其人群提供了许多满足人类特定需求的选择。

文化的分类在一定程度上也契合人类需求的这五个层次。另一个形象的类比是将文化比为冰山,认为每种不同的文化就像一个独立的巨大冰山,可以分为两部分:水平面以上的文化和水平面以下的文化。水平面以上的文化仅占整体文化的小部分,约十分之一,但它更可见,有形且易于随时间变化,因此更容易被人们注意到。水平面以下的文化是无形的,并且难以随时间变化。它占了整个文化的大部分,约十分之九,但要吸引人们的注意力并不容易。水平面以上的文化部分主要是实物及人们的显现行为,如食物、衣着、节日、面部表情等诸如此类人们的说话习惯和生活方式,也包含文学作品、音乐、舞蹈等艺术的外在表现形式。水平面以下的文化包含信念、价值观、思维模式、规范与态度等等,是构成人的行为的主体。尽管看不到水平面以下的部分,但它完全支撑了水线以上的部分,并影响了整个人类的各个方面。

(三)文化的特征

文化是连贯的、可习得的、一个特定群体对于生活关切之事均认可的观点,这些观点决定事务的轻重缓急,处理问题恰当的态度,并支配人们的行为。这个定义包含了文化的三个特征及文化的三种作用。

每一种文化,无论是过去的还是现在的,在自身内部都是连贯和完整的——对整个宇宙的看法。英国人类学家爱德华·泰勒(Edward Burnett Tylor,1871)认为文化是"一个特定群体在面对诸如宇宙起源、自然环境的严酷可预测性、社会的本质和人类在事物秩序中的地位等核心问题时所带来的统一的愿景的外在表现"。[1] 在不同的历史时期,不同的人类群体可能会产生不同的愿景,这既是惊奇的原因,也是误解的原因。令人难以置信的丰富多样的文化吸引着历史学家、人类学家、旅行者等几乎每一个人。不管一个文化片段是多么迥殊,当它置于整卷文化织锦之中时,就显得很有道理。

---

[1] (英)爱德华·泰勒;连树声译. 原始文化[M]. 上海:上海文艺出版社,1992.

文化不是与生俱来的，而是后天习得的。这并不是说人们可以客观地谈论自己的文化，而是一个人对自己文化的了解大多储存在潜意识里，只有受到其他不同文化的挑战时才会唤起记忆。[①] 我们都必须学习自己的文化，对文化的培养过程在出生后立即开始，甚至更早。如果文化是后天习得的，那么它就是可以学会的。这就意味着没有人需要一辈子局限在一种文化中，如果你想了解其他文化，你可以学习，不仅仅是了解，而且可以准确地融入这种文化并按其规矩行为处事。许多人都学习过不止一种文化，并且在其中游刃有余。必要的时候，他们很容易从一种文化过渡到另一种文化。

文化是一个社会共有的。社会成员对事物的意义和原因达成一致，和相互学习文化的所有人一道，包括家庭成员、老师、精神领袖、同龄人，以及法律、政治和教育机构的代表，解释生活经历，证实了他们自己的文化观点。由于他们对这种有效性深信不疑，都认为自己的解释是正确的。群体的动力来自共同的观点，这些观点是一种动态的力量，借此团体能够实现社会目标，例如，保护经济资源不受无良的外部势力的影响。特定文化中的人们共享该文化的符号，最明显的一组符号是语言。文化也共享视觉符号，如公司标志、图标、宗教图像和国旗等。

对一个群体极为重要的东西对另一个群体可能毫无意义。以财富积累为例，位于太平洋岛屿新几内亚的古鲁乌巴族文化要求富人花费他所有精心积累的财富——猪，来满足其他社会成员的奢侈娱乐，在这种情景下，散尽家财满足他人消费欲望是财富的真正意义，因为这意味着给予者心怀感恩，享有很高的威望。但是，美国、中国或意大利的商人却不能理解这一做法，他们一生都在积累财富。在这些文化中，应该节约资源增加财富，而不是在一次大爆发中耗尽财富。当然，这些文化背景下的商人通常会对慈善事业做出贡献，但他们的文化教导他们要谨慎对待财富，并且要让财富增加。可见，文化会对重要性进行排序，换句话说，文化传授价值观或优先次序。价值观是态度的基础，同时塑造信念，使我们能够评估对自己重要的东西，或将标准应用于态度和信仰。价值观决定了人们在和另一种文化交流时是对抗还是合作，因而有必要了解在这种文化中起作用的价值观。既然价值观提供衡量事物价值的标准，

---

① 琳达·比默,艾里斯·瓦尔纳.跨文化沟通[M].4版.大连：东北财经大学出版社,2011.

它表明了一个相对的层级结构,即价值观就是文化优先权。例如,一种文化可能会高度重视诚实,而不太重视付出多少努力。优先事项因文化而异,当你了解了人们的优先级,你就可以有信心地预测他们对特定情况的反应。

态度是后天习得的,它是一种倾向,对相同的物体、情况或想法做出相同的反应。态度是基于价值观对事物的感觉。态度可以改变,尽管改变可能很困难。文化决定了人们如何表现自己。继续前面讨论的例子,在会议上简短地表达对失去亲人的工作伙伴的同情是合适的英国人的做法,如果有较长的合作时间,英国人也会送去慰问卡。然而,在墨西哥,除了口头表达同情,工作伙伴还可能会参加葬礼,送花,提供服务,如接送家庭成员,并访问家庭以示尊重。行为直接来自对事物的重要性和价值的态度,价值观驱动行动。我们的生活大多是由行动组成的,文化优先级激励着我们在国际交往中的行为。文化差异通常很快通过行为表现出来,这些行为与态度有关,源于文化中的优先事项。

三、交际

(一)交际的概念

交际是人们生活中的一个重要组成部分。人们之所以要交际,主要是因为如下几点原因。[①]

(1)我们需要满足自身的物质需求(We need to satisfy our material needs)。

(2)我们需要与别人取得联系(We need to connect with others)。

(3)我们需要控制别人的行为(We need to control the behavior of others)。

(4)我们需要表达自己的想法和情感(We need to express our thoughts and feelings)。

(5)我们需要探究周边的世界(We need to investigate the world around us)。

---

① 严明.跨文化交际理论研究[M].哈尔滨:黑龙江大学出版社,2009.

(6)我们需要传递新的信息(We need to pass on new information)。

(7)我们需要创设心中的世界(We need to create worlds of the imagination)。

(二)交际的原则

成功的交际一般认为应包括:人们能获取他们想要的(信息),用一种双方都认可的方式,而且这种方式能维持彼此之间的关系。

1. 平等

每个人,无论拥有多少知识,拥有多高的地位,都应该保证其在人格上的平等。因此,在人际交往中,不能因为自己的能力、地位等抬高自己、贬低别人,这样就如同在自己与他人之间树立了一道墙,很难与他人进行和谐交际。

2. 尊重

人们都渴望得到尊重。在人际交往中,我们都应该尊重他人,不仅尊重他人的人格、隐私等,还需要尊重彼此存在的内在的、外显的心理距离,不应该去破坏这一距离,否则就是对他人的冒犯。很多时候,一个微笑、一个问候就是对他人的尊重。

3. 沟通

人们需要进行沟通,只有沟通,才能够增进彼此之间的了解,减少一些不必要的冲突和摩擦。越是不沟通,就越容易在彼此之间建立防线,这样就很难与他人真正地交融。另外,沟通需要主动,如果一味地让他人主动,那么就很难实现自己的"好人缘"。

4. 宽容

天下没有完全相同的两个人,每个人都有自身的特点,有自身的差异。因此,在处理人际关系的时候,需要做到求同存异,保持一颗宽广的心。我们自己都有可能存在不完美,那么为什么还要求其他人完美呢?因此,在人际交往中,不要过分强求,得饶人处且饶人,即便他人犯了错误,也不应嫌弃他人,而是应该为他人提供改过的条件,原谅他人的过失,帮助他人改正错误。

5. 欣赏

每个人都希望得到他人的肯定,这是一种心理需求。因此,在人际交往中,我们应该欣赏他人,以欣赏的姿态肯定他人,发现他人的长处,这样会给他人带来美好的心情,也容易构建和谐的人际关系。

6. 换位

在现实中,很多人习惯从自己的主观出发来判断他人,这很容易激发矛盾。因此,要想得到彼此的认同与理解,避免产生偏见,就需要学会换位思考。这里说的换位,即善于从对方的角度思考问题,体会对方的情感,设身处地为他人着想,这样才能不断解决问题,也可以减少一些摩擦。

7. 诚信

诚信关乎一个人的品质与形象。在现实生活中,存在不讲诚信的情况,甚至可能坑骗自己的亲朋好友,导致其信誉低下,这样会对人际关系的和谐造成不利影响。因此,我们需要诚信,从身边做起,从小事做起,不能失信于人。

8. 合作

当今社会,人与人的竞争非常激烈,但是这并不意味着不能合作。很多时候,由于社会分工更为精细,需要团队的力量才能完成,这就需要进行合作。在合作基础上展开竞争,在竞争的基础上进行合作,这是人际交往的基本态势。如果只讲究竞争,不进行合作,那么就会出现恶性的竞争。因此,在人际交往中,我们应该多一些协商,多一份沟通,多一份合作。

(三)交际的种类

交际可分为人类交际与非人类交际。人类交际有社会交际与非社会交际之分,非社会交际即内向交际,社会交际则可细分为人际交际、组织交际和大众交际三种。①

内向交际，又称自我交际，指的是一个人自己脑子里的自我交流活动或者是自言自语，表面上看似一个人，但也是一个交际的过程，其中包括信息的发出和接收两个方面。人际交往，即个人与个人之间的信息传播活动，也是由两个个体系统相互连接组成的信息传播系统。组织交际是指在学校、公司、工厂、军队、党派等内部的信息交际。大众交际是指职业化的传播机构利用机械化、电子化的技术手段向不特定的多数人传送信息的行为或过程。

人际交际、组织交际和大众交际在手段、规模、空间、周期、角色、反馈以及符号的运用方面存在许多差异，如表1-1所示。

表1-1　人际交际、组织交际和大众交际的差异

不同方面	人际交际	组织交际	大众交际
手段	亲身媒介	亲身+大众媒介	大众媒介
规模	少数人	特定、较多数人	不特定、多数人
空间	小	中	大
不同方面	人际交际	组织交际	大众交际
周期	不规则	较规则	规则
角色	随时交换	有所规定	基本固定
反馈	灵活	略微困难	十分困难
符号	不规范	较规范	规范

四、语言、文化、交际的关系

（一）语言与文化的关系

文化和语言相互交织、相互影响，二者是不可分割的。语言是不带感情色彩的代码和语法规则，每当选择单词、造句、口头或书面传递信息时，人们也在做出文化上的选择。大家都同意语言有助于与来自不同背

---

① 阮桂君.跨文化交际与实践[M].武汉:武汉大学出版社,2017.

景的人之间的交流,然而我们可能很少意识到文化素养对于理解所使用的语言的必要性。如果在没有理解文化含义的情况下使用语言,交流者便不能很好地沟通,甚至可能传递错误的信息。

1. 语言意义与文化环境

在自己的文化环境中,人们可以意识到这些选择的影响。例如,如果美国人说"How are you?"的时候,其他美国人会把这个短语当作"Hello",相当于德语的"Guten Tag"、法语"Bonjour"或日语"おはようございます",而不是字面意思。一个在美国的外国人,如果知道一些英语,但不熟悉英语的文化和用法,他可能会认为这个短语有完全不同的意思,更倾向于按字面意思来解释它。

所有语言中的提问要么是社交需要,要么是获取信息需要。社交提问,即使它以问题的形式出现,也不要求被问者提供信息,它只是推动对话向前的润滑剂。在美式英语中,"How are you?"是一个社交提问,然而在其他许多国家,如德国、俄罗斯和波兰,"How are you?"是一个信息类问题。说话者实际上想要得到问题的答案。在日本,"你要去哪里?"是一个社交问句,同样的问题在美式英语中是一个信息提问。美国人可能会觉得日本人的问题很冒昧,不知道该怎么回答,其实简单的"去那边"就可以了。

关键是在交际中词语本身并没有意义,意义来自语境,来自文化上的用法。例如,一个在美国生活多年的德国人会不经意间表现出许多美国人的行为模式,变得可能更外向、更热情,不那么拘谨,更乐观。当她回到德国时,尽管仍然说德语,但越来越多地以美国为参照系。在社交场合,她会用姓和名来介绍自己"我是英格丽·泽贝,很高兴认识你"。而不是用姓和专业头衔"泽贝博士,很高兴认识你"。这会让德国人不知所措,他们不知道该怎么称呼她。他们可以说"泽贝女士",但如果她有专业头衔,那就不正确了。无论如何,德国人不会直接称呼她的名字。英格丽·泽贝本人发现,她的德国同乡变得越来越拘谨,每见一次面,他们就变得更加保守,使得建立联系并舒适地相处越来越困难。

语言反映了我们生活的环境,给我们身边的事物贴上标签。例如,在亚马孙地区,雪不是环境的一部分,那里根本就不下雪。在偶尔下雪的地区,人们用一个词来表示雪,但它可能只是一个词。但是,大多数美国人使用雪、小雪、雨夹雪、暴风雪和冰等术语,这就是大多数人关于雪的词汇量范围。生活在一年中大部分时间都在下雪的环境中的人们可能对雪有更多不同的词语。如果你去德国北部的一家酒吧点酒,你可能会说"请给我一杯白葡萄酒",你可以指定什么口味的白葡萄酒,但仅此而已。德国北部是啤酒之乡,人们对葡萄酒的了解要有限得多。相比之下,在德国西南部的巴登,如果你说要一杯白葡萄酒,服务员只会盯着你看。因为在这里,您需要指定葡萄酒的类型、哪一座葡萄园和具体的生产年份,可见葡萄酒在这个地区很重要,你应该对葡萄酒很了解。

2. 语言意义与文化价值

除了环境,语言也反映了文化价值。例如,爱德华·霍尔(Edward Hall)指出,纳瓦霍人(Navajo,美国南部印第安人)没有表示"晚"的词,时间在纳瓦霍人的生活中并不重要。纳瓦霍人认为做任何事情都有一个时间,一个自然的时间,而不是工业国家使用的人造时钟时间。因此,纳瓦霍人没有美国人所拥有的与时间和时钟有关的有区别的词汇。时间和时间的流逝是人无法控制的,因此一个人不应该担心浪费时间和设置时间表。

与来自其他文化背景的人打交道的一个难题是,翻译一种外语和文化时,人们总是倾向于选择那些符合自己优先考虑的词语。例如,美国商人通常对西班牙语国家的 manana(tomorrow,明天)心态感到沮丧:"他们说明天,但他们不是这个意思"。对美国人来说,明天意味着这个午夜到下一个午夜,是一个非常精确的时间段。对墨西哥人来说,manana 的意思是未来,但很快。一个墨西哥商人和一个美国人谈话时可能会使用"明天"这个词,但他并不知道或无意知道这个词的确切含义。这个模糊的术语对于强调效率的美国人来说不够精确。关于 manana 一词的困难至少是美国的问题,也是墨西哥的问题。在这个层面上,字典也帮不上忙,因为字典通常会假装有完全相同的同义词。为了有效地交流概念,文化知识和语言知识同样重要。

有时候,不同文化背景的人使用相同的单词,但意思却大不相同。根据具体情况,结果可能是幽默的、烦人的甚至会付出巨大代价。我们看几个例子。

一所美国大学与一所法国大学讨论了学生、教授和管理人员交流的可能性,双方都认为这是一个好主意。法国谈判代表的英语说得很好,至少乍一看非常好,美国谈判代表的法语说得很好,在讨论中他们均用了法语和英语。在两种语言中,当他们谈到两个机构之间的"administration"(行政)交流时,他们使用了同一个词——administration。接着,意外就来了:对美国人来说,大学里的行政管理意味着系主任、院长或教务长;对法国人来说,行政管理意味着高级文书人员。美国人认为是管理者,法国人认为是教员。

manager(经理)这个词在世界各地都有使用,但在不同的文化中,它的重要性和含义各不相同。director(总监或经理)也是如此。例如,许多日本人在名片上印有 director 头衔。在美国,这个头衔代表一个重要的和有权力的人,在日本,这个头衔可能没有同等的权威。可能需要一些时间来确定头衔的含义以及这个人在管理等级中的位置。Director 这个词可能是从英语中借来的,用来翻译名片上的职位,同样的单词在不同文化中意思可能略有不同。该词语还可以反映组织结构中的跨文化差异。"总监"这个词可能是"职位级别"头衔最接近的翻译,用来描述在美国公司结构中不存在的一种工作。要了解具体的职位名称,就需要更详细地说明该职位及其与组织结构的契合度。

法国人和美国人都使用 force majeure(不可抗力)这个短语,但这个短语的含义不同。从字面上看,这个词的意思是优越或不可抗拒的力量。在美国法律语言中,它通常是指自然力量或可能是战争。在欧洲法律中,这个术语的含义更为广泛:它包括起草合同时没有预料到的经济条件或其他情况的变化。这意味着,当美国人与欧洲人达成协议,讨论不可预见的情况,并使用"不可抗力"一词时,需要澄清他们的意思,并详细说明这个术语的范围。

3. 语言意义的变迁

任何在国外待过一段时间的人都可以证明,语言是有生命力的,它会随着时间的改变而改变。在一段时间内经常使用的单词和短语可能会停止使用,或者其含义可能会随着时间的推移而改变。例如,gay 这个词的意思是快乐、轻松的。然而,近几十年来,这个词有了同性恋的意思。因此,在新西兰、加拿大、澳大利亚、英国和美国等国家,说英语的人不再使用原意,年轻人甚至可能不熟悉它的传统意义。

法国和冰岛等国家试图保持语言的纯净性,法国的 Academie Francaise(法兰西学院)监管法语的使用,确保企业使用纯正的法语。但即使在法国,语言也会发生变化。语言官员们可能会对过多使用英语的法国人皱眉头,但法国人吃 sandwich(三明治)、le weekend(周末)去旅行、le jogging(慢跑)等这些表达都是以法语方式发音的,重音在最后一个音节上。使用英语是"时髦的",不知何故,英语术语似乎更精确和具有描述性。法裔加拿大人在法语中用 char 来表示汽车和其他许多英语单词,这让法兰西学院感到很紧张,然而法裔加拿大人并不觉得必须遵守法兰西学院的规定。

加拿大法语的例子说明了一种语言如果在全球不同的地方使用,最终将会有不同的发展。法兰西学院可能会坚持某些规则,但其他讲法语的团体可能会制定自己的规则,并认为他们的法语是正确的。英语的发展也是如此。什么是标准和正确的英语?印度和尼日利亚等地越来越强调他们的英语和牛津英语一样正确。其结果就是在不同的世界中出现了不同的"英语"。例如,Singlish,即新加坡英语,它融合了马来语和中国的闽南语以及英语单词,并遵循类似于其他"洋泾浜"英语的语法。

跨文化和跨语言交流困难重重,充满了障碍和陷阱。即使两个来自不同文化背景的人使用同一种语言交流,也可能误解文化信号,造成混乱和误解,许多人很难找出问题的根源。例如,美国学生经常抱怨他们听不懂外国教授的话,在某些情况下,教授的英语水平可能不是很高,然而在大多数情况下,问题不在于语言本身,而在于不同的语调模式和文化信号。讲英语的学生怀着一定的期望听课,如果老师的声音变低了,学生们会认为这是一个委婉的话题终结信号,"我受够了这个想法",而老师可能并没有这样的意思。学生根据这些语调信号调整他们对讲座的理解,从而误解了教师的意图。如果这位教授来自一个"教授无所不能"的文化,他可能会向他的学生发出这样的信号。如果学生们没有意识到文化问题,那么他们很可能会认为问题是语言问题,而不是文化问题。

(二)交际与文化

文化与交际有着密切关系。受交际双方文化背景的影响,彼此在展开交际时必须考虑文化因素,这样才能保证采用恰当的交际手段展开交际。下面具体分析文化对交际的影响,主要体现在两大方面。

1. 文化对交际风格的影响

除了交谈模式,交际风格也会受到文化的影响和制约。具体来说,主要表现为如下几点。

(1)直接交际风格与间接交际风格

交际风格包含两类,即直接交际风格与间接交际风格。直接交际风格是在交际中交际双方直接传达自己的信息,是一种直接的手段。间接交际风格是在交际中交际双方委婉传达自己的信息,是一种间接的手段。显然,间接交际风格是一种含蓄的交际风格,这在我国体现得尤为明显,因为我国受儒家思想的影响。相比之下,西方就更倾向于采用直接的手段。

(2)个人交际风格与语境交际风格

交际风格还可以划分为个人交际风格与语境交际风格。个人交际风格强调在交际过程中彰显个人身份,因此第一人称是最常用的交际方式。语境交际风格强调在交际过程中注重语境,具体语境具体分析。例如,英语中对于教师或者长辈的称呼多用 you,而汉语中多用"您"来称呼。

2. 文化对交谈模式的影响

文化对交际模式有着巨大影响。交际模式受交际双方文化背景的影响和制约。因此,为了保证交际顺利,必须选择恰当的交际模式。

(1)何时讲话

对于"何时讲话",由于受文化背景的影响,双方需要遵循彼此各自的规则。例如,对于个人因素,西方人非常看重,因此避免在公共场合谈论。相比之下,中国人对其并不十分看重,因此愿意与他人展开交谈,即便是陌生人。

(2)话题的选择

在交际中,话题的选择十分重要。受文化背景影响,交际双方选择的话题必然不同。例如,中国人在交谈中习惯谈论薪资水平、家庭状况等,这些在西方人眼中被看作隐私。

(3)话轮转换

所谓话轮转换,即交际双方在交际过程中不断转换自身的角色,即说话人与听话人之前的角色转换。当交际双方所处的文化背景不同时,话轮转换也是不同的。例如,日本人之间在进行交谈时,话轮的转换需要交际者考虑时机,在恰当的时候选择转换。美国人则不同,美国人在交谈时可以直接进行话轮转换。

(三)语言与交际

语言在一定程度上就是交际,在交际中发挥的作用不可替代。语言和交际联系紧密。

人类在使用语言进行交际时,需要综合不同因素表达具体的含义,从而完成交际行为。语言能够通过排列组合创造出数量庞大的语言形式,还具有无限的理解功能,这一点是动物甚至计算机都无法比拟的。

正是由于句子数量无限性的特点,在进行交际的过程中就提高了理解的难度。为了更好地理解句子,语言学家制定了一系列的语言使用规则,使语言按照一定的语法程式进行运作。

在实际交际过程中,语言环境具有复杂性,因此如果无法列出所有的交际范围,也就无法进行十分系统的设定。只有交际者了解了一定的语言规则,同时具备灵活的交际技能,才能促进交际的顺利进行。

总体而言,交际是一个动态的信息传递过程。在信息传递过程中,文化是信息传递所依托的环境,语言和非语言是信息传递的重要渠道。交际既依赖于语言和文化,又促进语言和文化的习得和传播。[1] 语言的使用反映了人们的价值观念、生活方式和思维习惯,而社会文化的发展变化是语言赖以生存和发展的基础,交际则是联系语言和文化的纽带。因此,语言、文化与交际之间是一种水乳交融、不可分割的三位一体关系。

---

[1] 张红玲. 跨文化外语教学[M]. 上海:上海外语教育出版社,2007.

第二节　跨文化交际的内涵解析

跨文化交际是指不同文化背景的信息发出者和信息接收者之间的交际。从心理学的角度讲，信息的编码、译码是由来自不同文化背景的人所进行的交际。在英语术语 Intercultural Communication 的汉译中，语言学界和外语教学界多译为"跨文化交际"，心理学界多译为"跨文化沟通"，传播学界多译为"跨文化传播"或"跨文化传通"，文化人类学界则常译为"跨文化交流"。①

美国教育心理学家本杰明·布鲁姆（Benjamin Bloom）提出跨文化交际能力由态度（attitude）、知识（knowledge）与技能（skill）构成。跨文化交际能力概念中所包含的"态度"主要是指对交际对象不同于自我的观念、价值观与行为的看法和表现。为达到互相沟通的目的，交际者需要对交际对象的社会文化持有好奇与开放的心态，有意识地发现其他文化的特征，并主动通过与交际对象的接触和社交加深对他们的认识。

交际场合需要的社会文化知识包括两方面：一是本人与交际对象的国家或民族的社会文化知识；二是在交际过程中如何根据实际需要恰如其分地运用已学的社会文化准则控制交际进程的知识。

学习者需要掌握的社会文化技能包括两方面：第一种技能是在接收信息以后，根据已掌握的社会文化知识对信息进行分析，以达到理解与说明的目的；第二种技能是在此基础上发现新信息，将它们连同第一种技能处理的（即已理解的）信息一起提供交际使用。这两种技能的结合使已掌握的社会文化知识得以运用到交际中。

---

① 安小可. 跨文化交际［M］. 重庆：重庆大学出版社，2019.

第二章 跨文化交际理论与高校英语教学的融合

随着时代的发展,国家之间交往日益紧密,国家对高校英语教学的要求也更为严格。如何将跨文化交际理论应用于高校英语教学,成为当前高校英语教学研究的重要课题。很多学者开始研究如何通过跨文化交际理论,使英语教师的课堂变得更为丰富和多样。因此,本章就来分析跨文化交际理论与高校英语教学相融合的内容。

第一节 跨文化交际理论在高校英语教学中的作用

一、体现英语课堂育人功能

在课堂思政的大背景下,语言学习也更加需要承担育人的功能。学生在课堂上不仅仅是学习语言知识和技能,还要学习语言背后的文化内涵。英语学习既可以使学生接触到西方的文化,也可以使学生更加了解中华优秀文化。而在中西方文化的交流中,学生可以提升自己的思辨能力、鉴别能力,从而不断地完善自己的人文品质,具有良好的人文素养,成为中华优秀传统文化优秀的传播者。在学习文化知识、提升人文素养的过程中,英语课堂同时还可以塑造学生的价值观、人生观,实现育人功能。

二、体现培养学生跨文化理解、鉴别、交际能力的价值

文化自信是文化交流的前提。因此,在英语教学中,学生在学习西方文化的同时,更要加强对中华优秀传统文化的学习。文化比较与互鉴,有助于学生理解西方文化,更有助于加深他们对中华优秀传统文化的理解和认同。学生能够不断提高跨文化理解、鉴别和交际能力,辩证地看待中西方文化差异,树立正确的文化价值观,坚定中华优秀传统文化自信,增强对中华优秀传统文化的认同感和自豪感。

三、提升学生文化归属感

在实际教学的过程中,教师会让学生对于英语的基础性知识和相关语法有一定程度的掌握,培养学生对英文的积累和文字理解能力,与此同时,在其中加入中国元素可以让学生充分提升文化归属感。在外国的文字系统当中,学生可以感受我国文化的独特魅力,了解他国文献对于中华文化的描述,对于我国的人文风貌以及具体的文化内容有更加客观的理解和认知,树立正确的价值观念,拥有良好的民族自豪感与文化归属感,对自身国家与民族的优势有更为明确清晰的认知,并将为之弘扬而努力奋斗。

四、有利于学生全面发展

随着时代的发展和进步,各行业的发展体系逐渐完善,彼此之间的业务交流往来也更为密切,对专业型人才的能力也有了更高的要求。将中国元素融入英语课程,可以让学生在英语课程学习过程中不仅仅只停留于对英语知识的学习,更对我国文化的多种诠释有相应的了解,也可以帮助学生将不同学科联系起来,通过价值观的塑造和整体知识形态的构建,为未来的全面发展奠定良好基础。

全面发展的要求不仅是让学生在德育、智育、美育、劳育和体育五方面有长足的发展和突破,而是需要让学生形成良好的世界观、价值观与人生观,让学生对于自我有更为明确的认知,根据自身的天赋与潜能选

择合适的发展方向,从而根据实际需要进行相应的专业技能培养。将中国元素融入英语课程的教学,可以让学生更加辩证地对知识内容进行理解,根据自己的学习需要把握课程重点,为全面发展和综合能力提升助益。

五、帮助强化英语学习效果

英语学科的内容学习不仅仅停留在英语单词的记忆以及相关语法运用能力的培养上,对于他国文化和英语的实际发展历程也需要有一定程度的理解,通过大量的英语内容学习培养语感,也可以让学生的能力和相关文学素养得到充分提升。与此同时,中国元素的融入也可以让学生对于全球化发展有自我的认知与理解,让学生在英语学习的过程当中可以对其他元素有更高的接纳度,让学生对于英文的词组常见搭配理解方向以及常见用法的不同含义等有更为清晰具体的认知,让学生通过更为熟悉的内容理念来进行英语学科的学习,在外语学习过程当中真正做到事半功倍。

第二节 影响高校英语跨文化交际教学的两大因素

语言与文化密切相关,文化对语言有着重要的影响。文化不同,其影响下的语言也不尽相同。在高校英语教学中,了解中西方语言与文化差异,有助于了解英汉语言的规律与文化习俗,明确产生差异的原因。

一、英汉语言差异

英汉语言有各自的特点,英语有严谨的句子结构。无论句子结构多么复杂,最终都能归结为五种基本句型中的一种(主语+谓语/主语+系词+表语/主语+谓语+宾语/主语+谓语+间宾+直宾/主语+谓语+

宾语+宾补)。英语句子结构形式规范,不管句型如何变化,是倒装句、反义疑问句还是 there be 句型,学生都可以从中找到规律。英语还采用不定式、现在分词、过去分词、引导词以及连词等手段使句子简繁交替,长短交错,句子形式不至于流散。汉语没有严谨的句子结构,主语、谓语、宾语等句子成分都可有可无,形容词、介词短语、数量词等都可以成为句子的主语。一个字"走",也可以成为一个句子,因其主语为谈话双方所共知,所以不用明示。汉语不受句子形式的约束,可以直接把几个动词、几个句子连接在一起,不需要任何连接词,只要达到交际的语用目的即可,句子形式呈流散型。英汉两种语言的区别概括如下。①

英语 {
 法治——句法结构严谨(句法结构完整)
 刚性结构——形式规范(有规律可循)
 显性——运用关联词来体现句子的逻辑关系(形合)
 语法型——主谓一致、虚拟语气等语法规则(语法生硬,没有弹性)
 主体性——句式有逻辑次序,句子有重心
 聚焦型——用各种手段使句子从形式上聚焦在一起(像一串葡萄)
}

汉语 {
 人治——没有严谨的句法结构,可以依据具体情况而定
 柔性结构——结构形式多样,比较灵活
 隐性——很少用到,甚至可以不用任何形式的连接手段(意合)
 语用型——只要达到交际目的即可,以功能意义为主
 平面性——长短句混合交错,并列存在
 流散型——句子似断似连,组成流水句
}

综上所述,英语是以形寓意,汉语则是以神统法。下面就从意合与形合、句子重心位置两个方面进行具体阐释。

(一)意合与形合

意合(parataxis)即词与词、句与句的从属关系的连接不用借助连词或其他语言形式手段来实现,而是借助词语或句子所含意义的逻辑关系来实现,句子似断似连,组成流水句,语篇连贯呈隐性。中国的唐诗、宋词在建构语篇情境时,采用的就是意合。"形合"(hypotaxis)常常借助

---

① 韩卓. 大学英语跨文化交际中西文化比较研究[M]. 长春:吉林大学出版社,2019.

各种连接手段(连词、介词、非限定性动词、动词短语等)来表达句与句之间的逻辑关系,句子结构严谨,连接关系清楚。句与句、段落与段落之间彼此关联、相得益彰,像摆在我们面前的一串串葡萄。

1. 意合语言

汉语中很少用到甚至不用任何形式的连接手段,而比较重视逻辑顺序,通常借助词语或句子所含意义的逻辑关系来实现句子的连接,因此汉语是一种意合语言,句与句之间的连接又称"隐性"(implicitness/covertness)连接,汉语句子可以是意连形不连,即句子之间的逻辑关系是隐含的,不一定用连接词,这无论是在中国的唐诗、宋词、元曲等古文作品中,还是在现代文作品以及翻译中都体现得淋漓尽致。

苏轼的《水调歌头》:

明月几时有?把酒问青天。不知天上宫阙,今夕是何年。我欲乘风归去,又恐琼楼玉宇,高处不胜寒。起舞弄清影,何似在人间。

转朱阁,低绮户,照无眠。不应有恨、何事长向别时圆?人有悲欢离合,月有阴晴圆缺,此事古难全。但愿人长久,千里共婵娟。

全词言简意赅,没有借助任何连接手段,而是完全借助隐含的意义上的逻辑关系,完成了整个语篇意义的建构,以月抒情,表达了词人在政治上的失意,同时也体现了他毫不悲观的性格。

在现代文中这样的例子也比比皆是,下面就是一例。

到冬天,草黄了,花也完了,天上却散下花来,于是满山就铺上了一层耀眼的雪花。

可以看出,汉语句子的分句与分句之间,或者短语与短语之间,在意思上有联系,但用很少的关联词连接每个分句或短语。英语中也有意合结构,但这种情况很少,句与句之间可以使用分号连接。

2. 形合语言

英语有严谨的句子结构,句型有规律可循(倒装句、反义疑问句、祈使句、疑问句以及 there be 句型等),语法严格而没有弹性(主谓一致、虚拟语气、情态动词用法、冠词、介词、代词、名词的格和数、时态及语态等),常常借助各种连接手段(连词、副词、关联词、引导词、介词短语、非谓语动词、动词短语等)来表达句与句之间的逻辑关系,因此英语是一种

重"形合"语言,其语篇建构采用的是"显性"(explicitness/overtness)原则。例如:

So far shipment is moving as planned and containers are currently enroute to Malaysia where they will be transshipped to ocean vessel bound for Denmark.

到目前为止,货运按计划进行中。集装箱货物正在驶往马来西亚的途中,在那里将被转为海运,开往丹麦。

英语中有时需要用 and 把词与词、句与句连接起来,构成并列关系。如果把 and 删掉,就违背了英语严谨的句法规则,此句也就变成了病句。在汉语翻译中,and 不必翻译出来,句子意义的表达也很清晰。

在复合句的表达上,英汉两种语言存在着形合与意合的不同,即在句与句之间的连接成分是否保留上二者有本质区别。英语以形合见长,汉语以意合见长。

(二)句子重心

中国人和西方人截然不同的逻辑思维方式,导致了两种语言句子结构重心(focus of sentence)的差异。英语重视主语,主语决定了词语及句型的选择。主语可以是人也可以是物。西方人还经常使用被动语态来突出主语的重要性。汉语重话题,开篇提出话题,再循序渐进,往往按照事情的发展顺序,由事实到结论或由因到果进行论述,所以在汉语中多使用主动语态。英语重结构,句子比较长,有主句有从句,主句在前从句在后,甚至于从句中还可以再包含一套主从复合句,句子变得错综复杂。每个句子就像一串葡萄,一个主干支撑着所有的葡萄粒。主句就是主干,通常放在句子的最前面。汉语重语义,句子越精练越好,只要达到表意功能即可。例如:

我们打交道以来,您总是按期结算货款的。可是您 L89452 号发票的货款至今未结。我们想您是否遇到什么困难了。

Please let me know if you meet any difficulty. Your L89452 invoice is not paid for the purchase price. Since we have been working with you, you are always on time.

汉语句子开篇提出话题,然后再说明所发生的事情,最后说明信函的目的,句子重心在后。但英语句子则不同,开篇就说明了信函的目的,而且以对方为主,表示对对方的尊重,句子重心在前。

  我公司在出口贸易中接受信用证付款,这是历来的习惯做法,贵公司大概早已知道。现贵公司既提出分期付款的要求,经考虑改为50%货款用信用证支付,余下的50%部分用承兑交单60天远期汇票付清。

  Your request for payment in installments, with 50% of the payment by credit card, and the remaining by D/A 60 days' sight draft, has been granted despite the fact that it's an established practice for our company to accept L/C in our export trade as you probably already know.

  汉语由几个短句构成,先谈规则,再谈按照对方要求所做的改动(即最终结果)。英语句子仅仅用了一句话,借助介词短语、状语从句、方式状语从句等把所有的信息都涵盖了。句子错综复杂,厘清句子结构显得尤为重要。句子中最重要的信息被放在了句首,也是句子的主干。为了达到这一目的,句子用物做主语,并使用了被动语态,突出了主句。主句Your request for payment in installments has been granted才是句子的重心。

  The J. Paul Getty Museum seeks to inspire curiosity about, and enjoyment and understanding of, the visual arts by collecting, exhibiting and interpreting works of art of outstanding quality and historical importance. To fulfill this mission, the Museum continues to build its collections through purchase and gifts, and develops programs of exhibitions, publications, scholarly research, public education, and the performing arts that engage our diverse local and international audiences.

  J. 保罗·盖蒂博物馆通过购买或接受赠品来扩大其收藏,开办展览项目,出版作品等方式进行学术研究,开展公共教育,通过表演活动吸引当地观众和国际观众。J. 保罗·盖蒂博物馆这样做的目的是通过收集、展览以及诠释高质量的、杰出的、有历史意义的艺术品,来激发人们对视觉艺术的好奇心,促进人们对艺术品的理解和欣赏。

  相比较而言,英语总是能"直戳要害",开门见山地点出句子的重点和主题。我们平时阅读双语文章,有时候遇到汉语读不太懂的句段,反而看对应的英语会觉得豁然开朗,大致原因也是要归功于英语的直观性了。

二、中西思维模式差异

（一）直觉性思维与逻辑性思维

1. 中国的直觉性思维

在面对外部事物时，中国人的反应具有较强的直观性和情感性，思维上种感觉轻逻辑。直觉思维不经过严密的逻辑程序，省去许多中间环节，直接而快速地获得一个总体的印象。这是一种超越感性和理性的内心直觉方法。但是，通过直觉思维所获得结论往往偶然性多，准确性差。但如果直觉思维以逻辑思维为前提，并与逻辑思维相结合，就可能发挥其创造性。直觉思维对中国哲学、文学、艺术、美学、医学等产生着深远的影响。

基于自觉性思维，中国人在认识事物时只满足于描述现象和总结经验，而不追求将对事物的认知从感性认识上升到理性认识。因此，中国人常常会说"只能意会，难以言传"，习惯停留在表面现象上，对许多事物的认识"只知其然，不知其所以然"，缺乏探求现象背后的本质的精神。

中国人的这种思维模式在语言上也有所体现，即汉语多短句，句子结构松散，但句与句之间的意思密切观点，保持意合。例如：

An individual human existence should be like a river small at first, narrowly contained within its banks, and rushing passionately past boulders and over waterfalls.

人生好比一条河，开始时峡谷溪流，接着是激流勇进，冲过巨石，发下悬崖。

由上述例子可以看出英汉思维方式差异在语言上的体现，在翻译时，一个英语长句分成了几个短句，而且形散神不散，符合汉语意合的特点。

2. 西方的逻辑性思维

古希腊哲学家亚里士多德开创了形式逻辑，创立了演绎推理的三段论以及整个形式逻辑体系,使逻辑性成了西方思维方式的一大特征。西方人的逻辑思维是一种理性的思维,重视分析、实证,通过辩论、论证来认识和理解事物。

中世纪时期,西方人依然主要运用形式逻辑的模式。15世纪下半叶,自然科学方面的成果非常丰富,这也对形式分析思维模式是一种明确的推动力量。17世纪,归纳逻辑问世,它对形式逻辑的内容是一种补充,是一种延伸。19世纪,培根的归纳逻辑得到了进一步的充实,即英国逻辑学家穆勒发明了探求因果联系的五种归纳方法。可见,归纳法与演绎法珠联璧合,基本塑造了形式逻辑的大体轮廓。在这一时期,数理逻辑这门科学诞生。数理逻辑也叫作符号逻辑,它将思维转变为符号进行研究,最后用人工符号揭示逻辑规律。18世纪末至19世纪初,唯心主义的辩证逻辑体系从黑格尔那里悄悄地产生了,后来马克思恩格斯以唯物主义进一步对辩证逻辑进行了修正。至此,西方已有了形式逻辑、数理逻辑、辩证逻辑等基本逻辑工具。西方逻辑思维的发展导致思维的公理化、形式化和符号化。

这种逻辑性思维在语言中有着显著的体现,即英语多长句,整个句子靠语法功能连接,保持形合,语句关系较为分明。下面来看希拉里告别总统竞选演讲时说的一句话:

We all want an economy that sustains the American Dream, the opportunity to work hard and have that work rewarded; to save for college, a home, and retirement, to afford that gas and those groceries and still have a little left over at the end of the month.

上述句子在构思上由主到次,句子与句子之间结构复杂,而且结构严谨,具有严密的逻辑性。

总体而言,英语民族具有的是逻辑性思维,崇尚科学性与逻辑性,善于运用综合思维进行逻辑分析,而且重视形式思维。

(二)整体性思维与分析性思维

1. 中国的整体性思维

在最早的生成阶段,宇宙呈现出阴阳混而为一、天地未分的混沌状态,即太极。太极动而生阳,静而生阴,在动静交替中产生出阴、阳来。

阴阳相互对立、相互转化。事物总是在阴阳交替变化的过程之中求得生存、发展。从哲学的角度来看,阴和阳之间的关系是从对立走向对立统一的。这就体现了中国传统哲学的整体性特点,它不注重对事物的分类,而是更加重视整体之间的联系。我国儒家和道家也认为人与自然、个体与社会就是一个大的整体,二者是不能被强行分开的,必须相互协调地发展。儒家所大力提倡的中庸思想就发源于阴阳互依互根的整体思维。

基于整体性思想,中国人总是习惯于首先从大的宏观角度初步了解、判断事物,而不习惯于从微观角度来把握事物的属性,因而得出的结论既不确定又无法验证。由此中国人逐渐养成了对任何事物不下极端结论的态度,只是采取非常折中、含糊不清的表达方式,在表述意见时较少使用直接外显的逻辑关系表征词。总而言之,中国人善于发现事物的对立,并从对立中把握统一,从统一中把握对立,求得整体的动态平衡。

2. 西方的分析性思维

西方倾向分析性思维,对事物进行分析时,既包括原因和结果分析,又包括对事物之间关系的分析。17世纪以后,西方分析事物的角度主要是因果关系。恩格斯特别强调了认识自然界的条件和前提,他认为只有把自然界进行结构的分解,使其更加细化,然后对各种各样的解剖形态进行研究,才能深刻地认识自然界。西方人的分析性思维就从这里开始萌芽,这种思维方式将世界上的人与自然、主体与客体、精神与物质、思维与存在等事物放在相反的位置,以彰显二者之间的差异。

这种分析性思维包含两个层面,一是分开探析的思维,既把一个整体的事物分解为各个不同的要素,使这些要素相互独立,然后对各个不同的独立的要素进行本质属性的探索,从而为解释整体事物及各个要素之间的因果关系提供依据。二是以完整而非孤立、变化而非静止、相对而非绝对的辩证观点去分析复杂的世界。马克思主义哲学大力提倡这种思维层次。

(三)本体思维与客体思维

1. 中国的主体思维

在中国文化中,道家和儒家的理论学与哲学思想占据着重要和主导地位,两家思想都提倡以人本位主体。老子主张"人法地,地法天,天法道,道法自然。"庄子认为"万物以我为一",孟子亦云"万物皆备于我矣"。受这些思想的长期影响,汉民族逐渐形成了人本文化为主体的思维模式,即在观察、分析和研究事物的时候以人为中心的思维方式。这种思维在语言上的表现是,汉语中多以人或者有生命的事物为主语,如果人称不明确,则用"人们""大家"等词语来代替,或者使用无主句。在来看席慕容在《无怨的青春》中的诗句:

在年轻的时候如果你爱上了一个人,请你,请你一定要温柔地对待他。不管你们相爱的时间有多长或多短,若你们能始终温柔地相待那么,所有的时刻都将是一种无瑕的美丽。若不得不分离也要好好地说声再见也要在心里存着感谢,感谢他给了你一份记忆。

上述文字都是以人为主语,以"你""你们"来泛指所有人,而且行文从人的角度出发,顾及人的感受,字里行间都透露出主体思维。

下面再通过一个例子来感受下英汉客体思维与主体思维的差异。

My fortune has sent you to me, and we will never part from each other.

我很幸运,能够得到你,我们将永不分离。

上述原文的主语是抽象名词 my fortune,译文则将其转化为人称代词"我",这样翻译符合汉语民族的思维习惯和行为习惯。从中也能体会到英汉民族思维方式的差异。

2. 西方的客体思维

英语民族的思维趋向客观的大自然和外部环境,主张通过人类的智慧和能力来征服自然和改造自然,并在受这一思想的长期影响下,形成了以客观世界为观察、分析、推理和研究中心的思维方式。这种思维方式通过语言就能发现其身影,如英语中常用物称表达法,既不用人称来叙述,而是通过事物以客观的口气来叙述,并且常使用被动句。例如,英美人在接电话说"是我"时,常用"It's him/he."来表达;在交谈中询问对方近况时,常用"Is everything ok with you?""What is up?"不直接加以询问,而是对对方周围的事情进行询问。再如:

The unpleasant noise must be immediately put an end to.

必须立即终止这种讨厌的噪音。

上述句子原文并没有用人称作主语,而是把感受到的事物作为主语在进行叙述。

上述这些例子都说明英语中常用物作主语,行文的客体性特征多于主体性特征,也反映了英民族偏重客体的思维方式。

(四)具体思维与抽象思维

1. 中国的具体思维

汉语民族侧重具体思维,人们在说明问题和描述事物时习惯用形象和比喻法,具有"尚象"的特征。这种思维对语言的影响是,汉语用词具体,习惯以具体的概念来表达抽象的事物,而且句中常会出现多个动词连用的情况,读来生动形象。例如:

去年今日此门中,人面桃花相映红。
人面只今何处去,桃花依旧笑春风。

(崔护《题都城南庄》)

上述诗句用词简单,语言简朴,形象具体,用意清晰明了。作者用了"人面""桃花"等具体义项,表达了与旧日没人的缅怀之情。类似这种的用具体名词或贴近生活的词语来表达抽象内容和情感的方式在汉语中十分常见。

2. 西方的抽象思维

英语民族侧重抽象思维,常用大量抽象的概念来表达具体的事物,反映事物内在的情况和发展规律,注重逻辑与形式的论证,具有"尚思"的特征。在语言的使用中,就表现为惯于用抽象的名词来表达复杂的理性事物。下面来看拜伦的诗句:

She walks in beauty, like the night,
Of cloudless climes, and starry skies;
And all that's best of dark and bright,
Meet in her aspect and her eyes;
Thus mellowed to that tender light,
Which heaven to gaudy day denies.

上述诗句的比喻中,主体和喻体的相似程度不高也没有关系。人的美和自然之美一样都是美的,将这两种美抽象地联系在一起,可以相互映衬,表明同一种意思。

(五)曲线思维与直线思维

1. 中国的曲线思维

中国人的地位方式呈现曲线式,在表达思想和观点时常迂回前进,将做出的判断或者推论以总结的形式放在句子最末尾。这种思维方式在语言中的反映是,汉语先细节后结果,由假设到推论,由事实到结论,基本遵循"先旧后新,先轻后重"的原则。例如,同样是"It is dangerous to drive through this area."这句话,汉语表达则是"驾车经过这一地区,真是太危险了。"从该例既能感受到中国的曲线思维,又能了解中西思维的差异。

2. 西方的直线思维

西方人的思维呈现直线式,在表达细想时往往是直截了当,在一开始就点明主题,然后再依次一次叙述具体情节和背景。这种思维方式对语言也产生着重要的影响,即英语为前重心语言,在句子开头说明话语的主要信息,或者将重要信息和新信息放在句子前面,头短尾长。例如,"It is dangerous to drive through this area."该句子以 it is dangerous 开始,点明主题,突出了终点。

(六)顺向思维与逆向思维

1. 中国的顺向思维

相较于西方,中国人更倾向于顺向思维,就是按照字面陈述其思想内容。这在语言中的体现十分明显,如"成功者敢于独立思考,敢于运用自己的知识"这句话就是按顺序表达,而且其意思可以按照字面意思理解。而这句话英语表达时则是"Winners are not afraid to do their own thinking and to use their own knowledge."由此可以看出中西方思维方式的差异。

2. 西方的逆向思维

不同民族的人们在观察事物或解决问题时,会采用不同的视角和思维方位。西方人习惯采用逆向思维,通常从反面描述来实现预期效果。这种思维在语言上有着充分的体现,如在说"油漆未干"时,英语表达是 wet paint,在说"少儿不宜"时,英语表达是 adult only。

(七)保守思维与创新思维

1. 中国的保守思维

中国封建社会的一体化政治结构,决定了中国传统文化长期以来遵守"大一统"思想,要求个人和社会的信仰一致。这种"大一统"思想又通过儒家的"三纲五常""礼乐教化"来得到巩固。儒家倡导中庸之道,反对走极端,避免与众不同,主张适可而止。中国封建社会希望社会中所有的人,上至国君,下至百姓,都形成同样的价值取向和行为模式。在这种"大一统"文化的熏陶之下,中国人的思维方式相当保守,极端排斥异己,因而也具有很强的封闭性,缺乏怀疑、批判、开拓和创新的精神。但是,正是因为这种保守思想,中华文化才得以保存、延续和发展。

2. 西方的创新思维

西方人的创新思维较强,并且也具有鲜明的批判性,因此西方哲学在各个时期都有不同的理论体系,前仆后继。西方思维方式趋于多元化,注重多方向、多层次、多方法地寻求新的问题解决方案,重视追根穷源,具有发散性、开放性。西方人勇于打破常规。对西方人来讲,有变化,才有进步,才有未来,他们三者之间有着直接的关联。没有变化、进步,就没有未来。西方人历来变化多端。翻开西方历史,显而易见的是标新立异的成功。正是这种创新的价值取向,使西方人永远生活在生机勃勃的氛围中。

三、价值观念的差异

英汉文化价值取向差异首先体现在价值观念上,其差异性主要体现在个人主义与集体主义、实话实说与讲面子、询问私事、男女平等、求变与求稳、超世俗主义与世俗主义这几个层面上。

(一)个人主义与集体主义

西方人侧重个人主义价值观,而中国人则侧重集体主义价值观。关于二者的差异,下面对其展开详细的论述。

1. 西方人的个人主义价值观

西方国家中的人们十分推崇独立自主的个人主义,他们的价值观念就是民主、自由、平等、权利等。受到这种个人主义价值观念的影响,西方国家人们的民主意识、平等意识、权利意识等慢慢形成并发展。西方人十分看重个人的权利的维护,崇尚平等,向往自由。

个人主义价值观主导下形成的个体文化追求个体自由、互不侵犯、利益均衡,人际交往中的交际规则被看作是处理人际关系的一种策略,个体自由绝对不可以侵犯。西方人还对个人隐私十分看重,在他们看来个人隐私不仅仅是为了维护个人自由,更重要的是隐私有利于保持自己在社会群体中的完美形象,从而获得平等的竞争和生存条件。因此,他们在谈话时很少涉及关于自己隐私的问题,如年龄或者疾病等话题,同时也比较忌讳谈论个人的收入等话题。

2. 中国人的集体主义价值观

中国是一个历史悠久的国家,从原始社会开始,就处于一个群体网络的文化之中。氏族社会的人们就认为,他们的血缘关系是维系在一起的,彼此之间建立起一种长幼尊卑的社会体系,这一体系从古代一直延续至今。在群体生活的环境下,中国人形成了一种统一的价值观念和道德准则,这就是集体主义。集体主义的价值取向要求人们应该做到以下几点。

首先,集体主义的价值取向要求人们一定要处理好个人与集体的关系,当个体与集体发生矛盾时,也一定要以集体的利益为主。即"小家服从大家,个人服从集体"。这种观念在古代的很多思想中都得以体现,如"人心齐,泰山移"、"众人拾柴火焰高"等俗语就是对其最好的解释。

其次,集体主义作为价值取向要求人们一定要注重长幼尊卑,如"君叫臣死,臣不得不死;父叫子亡,子不得不亡"就是对这一观念的体现。到了现代来说,主要体现在对年纪比较大或者职位比较高的人的尊称上,如遇到年纪大的人一般称呼其为"大爷"、"大娘";遇到职位比较高的人一般称呼其为职位等。

最后,集体主义作为价值取向还要求人们一定要注意人际关系的处理,彼此之间要相互宽容、相互体谅并相互关心。任何事情都要以诚待人,以心交友。

(二)实话实说与讲面子

在交际的过程中,西方人注重实话实说,而中国人则十分看重面子,下面对其进行具体的阐述。

1. 西方人的实话实说

与中国人相比,西方人更加注重个人自由,虽然有时候也讲面子,但是只是把丢面子看作轻微的尴尬,而不会感到有太多的羞耻。

西方人在面对自己的错误时,通常不会感到羞耻,而更多的是表现出自责的状态。这从西方人的行为上就可以看出。对于西方人来讲,在课堂上提问、挑战权威、说实话、或者直接拒绝朋友都是很简单的事情,这些行为不会对集体产生影响,只是会影响到个人,但是这些事情对于中国人来说并不会那么容易。在西方社会,人云亦云的人是不会受到尊敬的,只有那些敢于表达自己想法的人才会得到人们的肯定。

另外,相对于中国人的"暗示",西方人更喜欢直接,将问题直接摆上桌面解决,以便统一认识。

2. 中国人的讲面子

在中国人看来,自己的"面子"就是自己的自尊心和荣誉感。中国人对自己的面子或者荣誉很看重,同样也会尊重他人的面子,也就是自己不能丢脸,同时也不会让他人丢脸。

在中国,失了面子是很糟糕的的事情,所以不能当众对他人进行辱骂,或者对其大吼大叫,这样会使对方陷入尴尬的境地,让他们感觉很丢脸。因此,为了在保证他人面子的情况下有效传达意见,所有的批评都应该放在私下来谈,尽量不要当众给出,否则将有可能事与愿违。

此外,对于自己的意愿,中国人通常不会明确表达,尤其是对他人或者他人所做的事情的否定意见,而会采用更为委婉的表达方式,希望对方能够体会到其中暗含的意思。这样既可以为对方保留面子,同时又不会伤害双方的感情,是中国人最希望达到的交际目的。

(三)回避私事与询问私事

中西方在询问私事方面也存在很大的差异,具体描述如下。

1. 西方人回避私事

在西方社会中(以美国为例),人们的一切行为都是以个人为中心进行的,个人的利益神圣不可侵犯,受这种个人本位主义的影响,美国人对于个人隐私十分重视,这种社会生活的方方面面都有很深刻的体现。例如,在人们的谈话中,涉及个人隐私问题的话题都是禁忌,如收入、年龄、婚姻、宗教信仰等,如果询问这些问题,通常都是很冒昧或失礼的。

西方文化观念中,看到别人买来的东西时,从来不问价钱;见到他人外出或者回来,不像我们中国人一样问一句"去哪儿"或"从哪儿来"。对于这类问题,无论是长辈还是上司都不可以询问,否则就是对他人隐私权的侵犯,是缺乏起码的社交常识的表现。

2. 中国人询问私事

自古以来,中国人就喜欢聚居。例如,北方的"四合院"或"大杂居",生活于此的人们住得比较近,接触很多,个人生活几乎不可能不受到干扰。而且,中国文化自古就强调团结友爱,互相关心,个人的事就是一家的事,甚至是集体的事。在这种环境的影响下,人们习惯了与别人谈论自己的喜悦和不快,同时也愿意了解他人的欢乐和痛苦。

在中国的习俗中,长辈或者上司询问晚辈或下属的年龄、婚姻家庭等,通常会被理解为关心,而不是窥探他人"隐私"的行为。通常情况下,上司与下属的关系很近时才会询问上述问题，而下属不会感觉是在侵犯自己的隐私，反而会感觉上司很和蔼亲切。

（四）"女士优先"与"重男轻女"

男女地位在中西方有着不同的表现，西方人强调女士优先，而中国则受重男轻女思想影响较为明显。下面对其进行具体的介绍。

1. 西方社会的"女士优先"

西方国家传统的习俗中就对妇女十分尊重，妇女在社交场合中总是会有格外的优势。从宗教上来看，这主要是出于对圣母玛利亚的尊重；从历史上来看，主要是受到中世纪欧洲骑士作风的影响。

在西方社交场合中，男子要处处爱护妇女，谦让妇女，即 lady first。例如，入座时，应该先请女士入座；走在马路上时，一般男子走在靠近马路的一边；上下电梯中，要让女子走在前面；男女握手时，女子可以不必摘下手套，但是男子则不可以。

2. 中国旧社会的"重男轻女"思想

在旧社会，中国一直崇尚的是"重男轻女"的思想，男女地位不平等体现的极其明显。旧社会的观念就是：女子无才便是德，女人要遵从"三从四德"，还有缠足、童养媳等社会陋习，都反映了女性卑微的社会地位。

女性地位的改变是从新文化运动开始，逐步开始强调男女平等，逐步保障妇女的权益，使女性从封建的挂念中解放出来。改革开放为中国人民开辟了新天地，同时也为广大妇女们提供了发挥自己作用的舞台。随着市场经济体制的逐步完善，市场主体按劳分配，凭本事吃饭，男女之别已经不太明显。例如，家庭中的女主外、男主内现象，商界中"女白领"、女强人，政界中的女上级等。但是，由于男女不平等的观念在我国由来已久，完全剔除这种旧思想需要经历就长时间，一些地方或某些方面，男女不平等现象仍然存在。

（五）"求变"与"求稳"

西方人在心态方面追求求变，而中国人在心态方面追求求稳，关于二者的区别具体描述如下。

1. 西方人的"求变"心态

在西方文化中,"求变"心态普遍存在,而在美国文化中表现的尤为突出。西方人崇尚个人主义,这也就促使他们倾向"求变"。

西方人认为,事物是变化的,而且是永不停止的。不断打破常规、不断创新的精神是变化的表现。他们不满足于已取得的成就,不甘受制于各种条件的限制。他们在意的是变化、改善、进步、发展与未来。在他们看来,没有变化就没有进步,没有创新就没有成就,没有发展就没有未来。例如,在美国,整个国家都充满着这种打破常规、不断创新的精神。

喜欢另辟蹊径,热衷于冒险探索,是西方人"求变"的突出表现。在西方历史文化中,到处充满了人们冲破传统的轨迹,标新立异的成功。当然,变化的背后是危险和破坏,但西方人将这些东西看作是创造性的破坏,这样的破坏是创造的开始。也正是这种"求变"的价值取向,西方社会一直都处在创新的氛围中。

此外,西方人的"求变"价值取向还体现在他们不同形态的流动上,他们的职业选择、事业追求、求学计划、社会地位、居住地域都在频繁地流动。西方从来都不缺少从社会最底层通过努力拼搏而成为成功人士这样的故事。历史上著名的西部大开发激发了人口大流动,留下了很多个人奋斗、创业有成的奇迹;微软公司的创始人比尔·盖茨中途辍学,创业成功,是美国精神的典范;麦当劳创造了连锁经营的创业模式,不但为人们提供了一种适应快节奏的快餐,更为人们提供了一种白手起家、平民创业的机会。这些都是追求"求变"所产生的效应,也是西方人价值观的集中表现。

2. 中国人的"求稳"心态

集体主义取向决定了中国人"求稳"的心态。受儒家中庸哲学思想的影响,中国人习惯于在一派和平景象中"知足常乐",习惯于接受稳定,相信"万变不离其宗",主张"以不变应万变"。在中国人的心目中,"求稳"的观念和心态已经深深扎根。而且中国社会就是在"求稳"的观念影响下向前发展的,不论大家(国家)还是小家(家庭)都希望稳定和谐。

实际上,一个社会不可能固守不变,关键看为什么变、如何变、变得怎么样。中国几千年的封建社会不断改朝换代，一直发生变化，但是在"祖宗之法不可变"的精神支配下，基本的社会制度和格局并没有变化，也没有创新。"统一和稳定"在中国历朝历代都是头等大事，是社会发展的根本保障。不可否认，纵观中国几千年的发展历史可发现，都是在"稳定"中求生存，求发展，求进步的。而这也很好地解释了为什么中华民族的文化得以延续并完整地保存了下来。

改革开放以来，中国的经济得到了突飞猛进的发展，中国的国际地位和综合国力也迅速上升，并取得了举世瞩目的成就，这一切始终都是在稳定中求发展。

综上所述，中国人一直崇尚"求稳"心态，国家始终将维持安定团结的局面放在首位，强调"稳定压倒一切"，坚持"发展是硬道理"。这种"渐变"式的发展模式符合中国的国情，也符合中国文化的特质。

(六)超世俗主义与世俗主义

在宗教观念上，西方文化倾向于超世俗主义，而中国文化倾向于世俗主义，下面对这两个层面展开论述。

1. 西方文化的超世俗主义

西方的宗教文化呈现出明显的超世俗主义特征。例如，《圣经》中对天堂和地狱的描绘、灵魂和肉体的分离；奥古斯丁对"上帝之城"与"世俗之城"说法的提出；马丁·路德等宗教改革家对"宗教只关注人的精神事务"的主张，都是西方人超世俗主义特征的有力证明。

在西方所崇尚的基督教看来，人的存在是有限的，而且是有"原罪"的，因此人类不能自救，人类只能将获救的希望寄托于万能的上帝，倾听来自天国的福音。基督教认为，只有来世的生活才是永恒的，真正的幸福是天国的永生，而不是今世有限的世俗欲望的满足。基督教主张人们为天堂而不是现世的幸福而努力，不要留恋和贪求世俗欲望的满足和现世人生的幸福。在基督教看来，人是灵魂与肉体的结合物，其中灵魂归属于上帝，肉身归属于自己，基督教重视灵魂而蔑视肉体。所以，受基督教的影响，人们常将生活的信念与人生的意义寄托于上帝。

2. 中国文化的世俗主义

相较于西方宗教文化的超世俗主义倾向,中国的宗教文化呈现出明显的世俗主义的倾向。中国人对待宗教的态度具有明显的重事实、重现实的取向,中国人关心的是现世所发生的事情。在"人本"的价值尺度的导引下,中国民间的宗教行为呈现出如下状况:为了追求现世的快乐和幸福,人们可以拜佛求菩萨,祭祀祖先神灵等,带有盲目的迷信色彩。而且,人们信仰各种宗教的最终目的是保佑现世人生的幸福和安乐。

四、时间观念的差异

时间观念是在社会实践中自然形成的,是无意识的,因此时间观念对正常的跨文化交流中的影响也是隐蔽的。而英汉时间观念差异集中表现在以下几个方面。

(一)"将来"与"过去"

在时间观念上,西方人更注重"将来",而中国人关注"过去",这具体体现在以下两个层面上。

1. 西方人的"将来时间取向"

美国是一个移民国家,他们只有200多年的历史。最早到达美洲大陆的那批移民来自欧洲,是美利坚人的祖先,他们为美洲大陆带来了新鲜的血液,逐渐开辟了美洲大陆,在这期间他们也形成了自己的文化,这种文化在欧洲文化的基础上改良而来,源于欧洲文化,但又同旧世界的传统文化有所不同。

这一新文化中最突出的特点就是追求个体独立,讲求通过个人奋斗,来满足个人的物质需求。在他们看来时间失而不可复得,因此他们都不太留恋过去,而是更多地关注现实生活,抓紧每时每刻享受生活。在美国人眼里,时间是有限的,这就使得他们具有了较强的时间观念,"Time and tide wait for no man"(时不我待)是其潜在的意识。这种强烈的时间观念使得西方人把更多的注意力放在了规划和实现未来的事情,他们始终坚信"A future is always anticipated to be bigger and larger"(未来总是美好的)。

2. 中国人的"过去时间取向"

中国具有悠久而灿烂的历史文化,中国人以此为傲,因此十分看重历史。例如,华夏族的祖先尧、舜、禹等先皇都被历代帝王所敬重;人们习惯用圣人之训、先王之道来评价个人或者事情,如"前所未有"、"前无古人,后无来者"、"后继有人"等说法。

中国人聪明智慧,善于观察,受到昼夜更迭、四季交替等现象的影响,逐渐形成了一种环式时间观。环式时间观容易给人一种时间的富裕感,因此人们做事情总是不紧不慢,认为还有时间。所谓"失之东隅,收之桑榆",中国人认为失去的东西还能有时间补回来,这就使人们渐渐形成了"过去时间取向"。时至今日,随着社会的发展,虽然人们不再过分关注过去,而是更多地关注未来,但是不可否认的一点是,"过去"这种时间观念仍然存在于人们的心中,并或多或少地影响着人们的生活。

(二)"单向"与"多元"

霍尔将不同文化的时间习惯划分为单元和多元两类。

西方文化是典型的单元时间文化。西方人认为,时间是一条线,是单向的,在单一的时间里只能做一件事。因此,西方人常严格按明确的时间表做事,并强调阶段性的结果,珍惜时间,注重做事效率。

中国传统文化是典型的多元时间文化。中国人认为,时间是由点构成的,在一段时间内可以同时做多件事情。因此,中国人做事没有明确的时间表,往往比较随意,不看重阶段性结果,也不讲究做事效率,认为只要在最终期限内完成所有任务就可以了。

两种不同的时间观念在跨文化交际中也有明显的体现。例如,中国人在拜访朋友时一般不会事先约定结束的时间,因为"朋友情谊无价",除非有十分紧急的事情,否则都可以放一放以免"伤了和气"。而欧美人不仅要事先约定,而且还会约定谈话结束的时间,约定时间到了,谈话就应该结束,谈不上什么"伤和气"。因此,中外朋友相互拜访时常会产生一些误会。中国人认为西方人太过冷漠,而西方人认为中国人缺乏时间观念。

随着经济全球化的不断进展,西方的单元时间观念开始被越来越多的中国人所接受,现在的中国人也非常注重做事效率。这说明中国在文化形式上已经进入单元和多元时间并重的时代,但是中国人讲究人情味,注重"以人为本"的文化精髓并没有发生变化。

(三)"重开头"与"重过程"

在时间序列选择方面,中西方存在很大的差异。西方人重开头,而中国人重过程。下面对其进行具体的描述。

1. 西方人重开头的时间观

西方人在时间观念上着重开头。例如,在书写信件时,西方人习惯将最为重要的信息放于信件的最前面,每句话的开头字母也会大写以突出其重要。

另外,在书写信件地址时,西方与中国的表达方式相反,按照由小到大的顺序展开,即收件人、门牌、街道、县(或区)、市、省、国家。这也是重开头的典型体现。

2. 中国人重过程的时间观

与西方人的重开头不同,中国人在时间观念方面重过程,遵循从大到小的顺序循序渐进地展开活动,认为只有通过了第一阶段才能步入第二阶段。

例如,中国人在书写日期时,采用年月日的顺序。在中国人看来,时间是按照年、月、日的顺序依次向前的。再如,寄信行为,如果不寄到一个国家,就不能将其送至某省、某市,更无从寄到收件人手中。因此,中国人在写信的地址时往往按照国家、省、市、县(或区)、街道、门牌、收件人的顺序进行书写。

五、空间观念的差异

所谓空间观念,是指人们在长期生活实践中逐步形成的、有关交际各方的交往距离和空间取向的约定俗成的规约以及人们在社会交往中的领地意识。[①] 英汉在空间观方面也呈现出巨大的差异,具体体现在以下几个方面。

(一)交往距离

交往距离,又称为近体距离,是指交往中交际双方之间的间隔距离,包括人情距离、社会距离和公众距离等。对于交往距离不同的民族有不同的观念。

西方人常年生活在地广人稀的环境中,习惯于宽松的生活环境,因此他们很惧怕拥挤,在与人交往中也总是将自身范围扩展到身体以外,与他人保持一定的体距。通常情况下,南美、阿拉伯、非洲、东欧、中欧等地区的近体度较小,而美、英、德、澳、日等国家的近体度较大。例如,在与对方进行交谈时,英国人习惯于保留一个很大的身体缓冲带,而许多亚洲国家的人则倾向于彼此靠得很近;在公共场合,德国人总是自觉地依次排队,而阿拉伯人则倾向于一窝蜂地向前拥挤。

由于中国人长期处于人口稠密所造成的拥挤环境中,因此中国人能够适应比较拥挤的环境,而且中国向来有"人多力量大"的观念,所以中国人对交往中的体距问题并没有太高的要求。

(二)空间取向

空间取向是指交际双方在交往中所取的空间位置以及空间朝向等。空间取向最常涉及的就是座位安排问题。中西方的空间取向差异具体表现在以下几个方面。

1. 教室座位安排方面

在教室座位安排方面,中西方有着很大的差异。一般说来,西方国家的教室座椅摆放比较随意,常将将书桌摆放成马蹄形、圆形、扇形、整体传统式、分组模块式等,这也符合西方国家轻松、愉快的教学理念。而中国的教室桌椅摆放得相对固定死板,通常摆放成整体传统式即成排地横向摆放,体现了肃穆、严谨的教学理念。

[①] 闫文培.全球化语境下的中西文化及语言对比.北京:科学出版社,2007:97.

2. 会谈座位安排方面

在会谈座位安排方面,在正式场合中,如商务谈判和会谈等,中西方的就座安排基本相同,都是右为上和面向房门为上。中国人在谈正事时,尤其是谈判、商讨要事、宣布重大事项时更是要面对面隔桌而坐,批评或训斥下属则大多面对面隔桌站立。但在非正式场合中,西方人总是彼此呈直角或面对面就座,前者往往是谈私事或聊天,而后者则态度较为严肃、庄重。如果同坐一侧,就表明两人关系十分密切,通常是夫妻、恋人或密友。而中国人在谈私事、闲聊时,则无论彼此关系是否达到密切的地步,都喜欢肩并肩并排就座。

3. 就餐座位安排方面

在就餐座位安排方面,中西家庭餐桌的座位安排基本大同小异,桌首位置一般坐的都是一家之主的男性最高长辈;桌尾位置,也就是靠近厨房的位置通常是家庭主妇的位置,方便端菜盛饭等;其他家人分坐桌子两侧。而且在筵席餐桌的安排方面,中西既有相同之处,也有不同之处。相同之处是,以宾客或长者为尊,故主宾及其夫人或长者坐上方;其他主客都要依据其辈分或职位高低在两侧依序就座。不同之处是,西方人安排餐桌座位通常以右为上、左为下,中国人则以面南(或朝向房门)为上、面北(或背向房门)为下;如有夫人出席时,西方人以女主人为主,让主宾坐在女主人右上方,主宾的夫人坐在男主人的右上方,主人或晚辈坐在下方。

(三)领地意识

领地意识(Territoriality)是描述所有生物对自己领土属地或势力范围的占有、使用和保护行为的术语。(Hall,1959)这里所说的领地范围指的是"维护个人的完整、自由、独处和安全所要求和必需的身体、社交和心理等方面的空间。"(胡文仲,1995)领地范围包括个人领地和公共领地。个人领地指的是个人独处和生活的范围,如住房、卧室等。公共领地指的是家庭成员或社会成员所共同拥有的场所、设施等。在领地意识方面中西方也有着一定的差异,具体表现在以下几个方面。

1. 领地标示倾向方面

在领地标示的倾向方面,中西方呈现出明显的差异。中国人口稠密,而且个人空间比较狭小,因此中国人习惯用有形的物品明确地将领地与公共空间隔离开来。在中国,高大的围墙、马路边的栏杆随处可见。但是在西方国家,房子与房子之间的隔离只靠矮矮的篱笆,甚至一块匾额。

2. 领地占有欲望方面

在领地占有欲望方面,西方人的占有欲更强烈,他们的领地概念甚至延伸到对个人物品的独占。而在聚拢型文化的影响下,中国人愿意将个人物品共享。例如,中国人在公共汽车或候车室阅读报纸时,如果有人凑上来一起看,他不但不会拒绝,甚至还会等别人看完后才会翻到下一页,但是这种情况是很少在西方人身上发生的。无论是在工作单位还是在公共场合,西方人都时刻明确划分和维护自己的领地范围,即使是在自己的家里,也不允许他人随意进入自己的房间。西方人还十分注重自己隐私的保护,不愿意别人打探自己的隐私,即便是和自己关系亲密的人。

相较于中国人,西方人隐私的范围也相对较大,个人的隐私生活,甚至年龄、婚姻、收入状况等均在他们的隐私范围内。而中国人的隐私范围就小很多,很多在西方看来属于隐私的,在中国人看来似乎根本算不上是隐私。例如,在医院病房中,护士常常不打招呼就进入患者房间打扫卫生,而这在西方人眼中是不能容忍的。

3. 领地被侵犯时的反应方面

当自己的领地受到侵犯时,中国人和西方人的反应也是有所不同的。相比较而言,中国人的反映较为温和。例如,对于排队时"加塞儿"的行为,西方人会明确表示不满,并加以阻止,而西方人怎会选择沉默忍受,不作过多计较。再如,朋友到主人家做客时,客人常会随意触动、翻看主人桌上的物品,中国人遇到这种情况常会不以为意,或者是不直接表达自己的不满,而西方人则会明确表示不满和抗议。

六、教育观念的差异

中西方在教育文化观念方面也存在很大的不同,主要表现为教学内容、教学方式、教育的"教"与"学、大学教育以及课余生活差异五个方面。下面对其进行探讨,希望能够从对比分析中发现中西教育文化观念的差异。

(一)教学内容差异

西方的教学内容与中国的教学内容基本上是完全相反的,具体描述如下。

1. 西方的"广博"教育

与中国的"精英"教育相反,西方教育在教育内容上更注重对知识的灵活运用,重视学生创造力的培养,重视教育的"广"和"博"。西方教育不会像中国教育一样灌输知识,其在为学生传授知识时只是点到为止,学生在达到基本教育要求的情况下,可以有更多的选择空间。例如,学生如果感觉自己在学习物理或化学课程上有困难,学生就可以选择一些更基础的课程,而可以选修更多的自己感兴趣的课程。

2. 中国的"精英"教育

在教育内容上,中国的教育属于"精英"教育,有些学生不能够将知识学得足够精深,则会无法得到继续深造的机会,从而被淘汰。

中国的教育十分注重巩固基础知识,以知识灌输为主要方式,以熟练掌握知识为主要目的,重视知识掌握的"精"而"深"。例如,学习数学时,教师最常采用的是题海战术,让学生重复练习,直到熟练掌握为止。

(二)教育方式差异

中西有着不同的教育方式,西方习惯尝试试教育,而中国习惯灌输式教育。下面对其展开具体地介绍。

1. 西方的尝试式教育

西方的教育方式,可以称之为一种尝试式的教育模式。这种尝试式的教育就是先让学生尝试进行体验,通过体验发现其中的问题,然后通过解决这些问题而逐步积累经验。随着经验的积累,学生真正属于自己的研究成果就会产生,并逐渐增多,学生的自信心也会增强。

2. 中国的灌输式教育

中国的教育方式更多的是一种灌输式教育。这种教育的方式就是,先将先人的经验告诉学生,然后学生在已有的成功经验基础上进行操作,通过经验的指导进行学习和实践活动。

这种教育方式造成的一种不良后果就是,由于学生难以跳出在先人经验影响下形成的固定的思维模式,这就造成了中国学生创造性思维的欠缺。

(三)教育的"教"与"学"差异

中西教育在"教"与"学"方面也存在很大的差异,下面对其展开具体的描述。

1. 西方教育的"教"与"学"

较之中国灌输式教学,美国的高等教育则非常注重发展学生的个性,校园文化也以实用主义观念和以自我为中心的个人主义为主。美国的学校为学生提供了很大的自由学习空间,如通过弹性学制,可以使学生有条件自主选择学习方式,自主调节学习和生活。

由于西方社会主张平等,教师和学生之间的关系会更加亲密,课堂氛围轻松愉快。此外,教学方式也很多样,如辩论赛、个案讨论等,学生在参与过程中的任何发言都会受到鼓励。

2. 中国教育的"教"与"学"

一直以来,中国大学的教学模式就比较陈旧落后,教学方式比较单一。教师的主要任务就是把备课内容在课堂上灌输给学生,而学生的任务就是被动接受和全盘吸收。教学方法仍然是传统的提问、作业为主,学生只会进行机械地记忆,认知能力和动手能力都很差。这种教学模式下的学生肯定是考试"高手",但未必是具备综合素质的合格的学生。

(四)大学教育差异

中西方的大学教育也存在很大的差异,下面对其进行具体的论述。

1. 西方的大学教育

在美国,大学本科教育称为"liberal arts education",意思是"自由教育"。① 美国人认为,大学本科教育是一个自由人最基本的教育,因为它可以使个体逐渐成长为一个具有批判精神和思辨能力的健全人。"liberal arts education"的教育目的是培养学生成为一个称职的社会公民。这在专业选择和课程设置上同样有所体现。

美国的大学生在进入大学时是没有专业之分的,学生会按照要求学习一些公共课程。这些课程覆盖面很广,涵盖了人文、社会、历史、文学、地理、哲学、数学、科学等几乎所有的学科领域。这样的教育优势是,学生在经过广泛的教育之后,了解了各个学科之间的内涵,同时还对自己有了一个更加清晰的认识。到了大学三年级,学生在综合个人兴趣、学科以及社会需求等各方面因素的基础上,选择自己感兴趣的专业。在课程设置上,中西方也有很大差异,一般美国的大学专业课程的比例不会超过所有课程的1/3。

2. 中国的大学教育

由于历史和经济发展水平等诸多因素的影响,中国对于大学教育的功能定位就是,大学教育是培养某方面专业人才的专才教育,最终是为了培养工具式的人才,这在专业设置和课程设置上有很明显的体现。

---

① 汪德华. 中国与英美国家习俗文化比较[M]. 杭州:浙江大学出版社,2011:49.

中国的大学教育一个显著特点就是,在入学之前学生的专业已经确定,从进入大学的第一个学期开始,学生就开始学习这门确定的专业,连续学习四年。并且,中国的大学课程中,专业课程占到了大学总课程的60%以上。

(五)课余生活差异

中西方的教育文化观念在课余生活方面也存在很大的差异,西方大学生的课余生活丰富多彩,而中国大学生的课余生活较为单调。下面分别对其进行介绍。

1. 西方大学生的课余生活

西方高校大学生的课余生活丰富多彩,学生的社团活动很活跃。以美国为例,美国的大部分高校都鼓励,或者资助学生成立各种各样的课外,甚至是校外活动团体,团体活动由学生自主讨论决定。他们的团体活动完全按照自己的喜好进行策划,形式多样,在活动中体验快乐,获得技能。

2. 中国大学生的课余生活

中国大学生的课余活动比较单一,大部分活动都是有计划、有组织的活动。这些活动有的是在教师的指导下进行,有的是社团统一组织,但是都是可供学生选择参加的。由于教育观念的差异,大多数学生认为学习才是首要任务,所以这些学生通常不会参加这些活动,对社会生活知识和社会实践表现出了极大的冷漠态度。

七、谈判观念的差异

中西方除了在上述四种价值观存在差异之外,在商务交际的过程中也存在很大的不同,这里主要对中西方在商务谈判观念方面的差异进行分析,主要体现为分权与集权的差异、直面冲突与迂回解决差异。

(一)分权与集权

在商务谈判中,西方人注重分权观念,而中国人注重集权观念。下面对二者进行详细的论述。

1. 西方的分权

西方文化普遍强调平等和竞争,追求实利。所以,在西方人看来,谈判是一种为了达到特定目标的工具,对于实质性的问题很敏感,而对表面的仪式性东西不太看重。实际谈判中,西方人的语言更加坦率,直接着眼于需要解决的问题。在西方人眼里,个人关系和谈判业务之间没有任何关系,他们认为关系是表面的东西,使问题清晰化并尽力解决问题,发展业务才是谈判的目的。

这种价值观在谈判中的表现就是,决策者和决策权的分离。表面上看,出席谈判的可能就一两个人,但是他们可能被决策机构赋予了较高的权限,而且在其身后可能有一个灵活而高效的智囊团为其出谋划策。

2. 中国的集权

中国文化强调伦理本位,这种文化下形成的价值观有一个重要的表现,就是人与人之间的等级关系。在封建时期,"三纲五常"是维系社会秩序和制约人们行为的准则,虽然在新文化运动时期受到了批判,但是在今天或多或少还有它的影子。在中国,人们对于地位的差别和自己在上下级关系中所处的位置十分看重,这种纵向的上下级关系对人们的言行举止产生了深刻的影响。

国际商务谈判中,中方通常是众人谈判,一人拍板。这种方式存在潜在的风险。因为如果拍板者是个外行的话,谈判往往不会有好结果。所以,对于中方来说,要处理好"集权"和"分权"的关系,不能过分集权,而是应该授予谈判小组更多的权力。

(二)直面冲突与避免冲突

中西方在处理谈判冲突上的观念有所不同。中国人在商务谈判中尽可能地避免冲突,西方人则直接面对冲突。下面对中西方对待冲突的不同态度进行具体的分析。

1. 西方人直面冲突

西方人在处理谈判双方的矛盾时,更愿意公开矛盾,然后投入大量的人力和时间对有争议的问题进行处理,最终达到预期的目的。西方人认为谈判双方只有将问题讲出来,然后将它们具体化,通过双方的对话了解各方坚持的观点,对问题进行逐个解决,最后使冲突得到解决。

西方人很注重事实和数据,不会刻意回避冲突,他们会公开阐述自己不同的意见。当然,西方人不会太呆板,他们有时也会妥协,但是必须尽快达成协议,否则会感到失意或失败。

2. 中国人避免冲突

人际关系对于中国人来说很重要,这就形成了注重和谐的中国文化。在谈判中,中国人往往不愿意直接面对冲突,认为这些冲突可以通过其他方式解决,如竞争、妥协、合作、回避、和解等。如果双方发生冲突,中国人习惯于强调双方合作的成功方面,以期抵消由于冲突而造成的负面影响,尽力避免矛盾的产生或者激化。

在处理冲突的过程中,中国人避免矛盾激化的心理更加明显,他们往往会对有争议的问题提出新的建议,或者折中的方案等,以避免矛盾升级,表现出较高的灵活性,从而能够使谈判双方继续维持较好的关系。

中国人之所以竭尽全力维持关系主要处于对以下两个方面的考虑。

(1)他们相信即使在发生争议或者冲突的情况下,只要双方的关系还存在,对方就有义务考虑自己的需要。

(2)只要双方的关系仍然存在,即使暂时没能达成协议,也会为将来的签约打下基础。

八、其他方面的差异

(一)人名和地址差异

集体主义文化的中国在命名时通常会注意名字的意义,而且在命名方面很有创意,组合形式无限。中文名字表达了父母对孩子的期盼,但要避开长辈名字中的字,甚至谐音都不允许,对长辈及领袖的尊重包含对其姓名的尊重。在汉语人名中姓在名前,而且同一家族的人往往倾向于名字中共用某一个字,尤其是男性,像某些姓如"孔""孟"等从名字中还能看出辈分。汉语地址是按地域从大到小的归属顺序排列,如"北京市海淀区清河小营东路 12 号北京信息科技大学图书馆"。

西方父母给孩子起名字时通常会表达一种纪念,用他们羡慕的人或爱戴的人的名字给新生儿命名,很可能会用祖父或祖母的名字或名人的名字。英文名字中 given name,还包含一个 middle name 或 Christian name。英文名字注重其纪念意义,但需要注意的是,名字与姓构成的首字母缩写(initials)不要生成一个贬损的词语(uncomplimentary word),如 Andrew Simon Smith、Edward Grey、Machael Adam Davies、Graham Adam Yiend、Fiona Alice Tanner、Nichola Ann Green 等。英文中名字在前,姓在后,如 Bill Clinton、George Bush、Michael Jordan。英语地址是最小的地名写在最前面,最大范围的地点写在后面,在信件地址上明显可以看到这样的例子,如 Mr. Smith,947 Flat Holtow Marina Road,Speedwell,TN37870,USA。

(二)人际关系以及交往问题

个体主义者相信平等(equality),对待上级和下级一样,对待朋友和陌生人一样。个体主义者不强调对群体内部的人要负责任,对孩子个人的事务干涉会少,对老年人的照顾也缺乏,对待客人的态度也是以不过分干涉为原则"Help yourself to…"是常见的礼貌用语,各种礼让(offer)也是一次就够。

集体主义者强调听从和敬重(deference),对社会阶层(social hierarchy)比他低或高的人给予不同的待遇。集体主义者非常重视群体内部的人之间的责任,家长对孩子有严格的监管权,而赡养老人是一份义不容辞的责任,孝顺(filial)是衡量一个人品质的重要因素。对待客人,主人是一个有"特权"的人,礼让次数越多,越显示出热情,越是表现出极大的强迫性,越能体现出好客。

第三节 跨文化交际理论融入高校英语教学的现状

一、课程内容结合不紧密

中国元素与英语课程在具体实施和践行的过程中,课程内容的紧密结合有着极强的必要性。目前,英语课程虽然已开始逐渐融入相应的中国元素,在进行课程讲解的素材选择时也会涉及一些与中国文化有关的具体内容,但是很多时候与实际的课程内容结合并不紧密。在进行中国文化与他国文化的内容对比时,很难具体落实到点,并进行鲜明有力的例证,让学生能够清晰明确中华文化和其他国家文化的异同之处,对我国文化的优秀之处彰显不够明确。这会使学生没有办法对我国文化的核心内容有充分的理解,也会导致学生在英语课程学习的过程当中出现知识点混淆或相关知识体系构建不够清晰的情况。

二、学生课堂参与度不足

学生在课堂当中的实际表现对于整体的课堂质量也将造成一定程度的影响。英语课程传统的教育模式可以从一定程度上强制带动学生进行学习参与。而在中国元素实际引入的过程中,学生在学习过程当中因很难理解教学内容而出现精力不集中等情况,都将十分严重地影响整体课堂氛围,学生的课堂参与度会稍显不足。更多的时候,教师在进行课堂环节设计时,由于缺乏相关的教学经验和教学探索,没有办法十分契合地让学生参与到课堂中来。学生也没有办法和教师形成频次较高、更为有效的互动,课堂教学整体质量也很难达到相应的预期水平。

三、教学设计缺乏合理性

全新的教学要求和理念在英语课程当中得以践行与实施,需要一段时间的探索与尝试。中国元素与英语课程的融合,很早就已经有了相关尝试,但更多是采用阅读素材选择和文化比对来进行相关内容的讲解,而在实际教学过程当中,难免会出现学科知识交叉的情况,教师在此时应当合理把控教学的学科交叉程度,避免在教学过程当中游离主题。但很多教师在进行教学设计时,整体的内容缺乏合理性,学生会花太多精力去掌握核心知识内容之外的相关概念,而忽略了本身知识体系的构建,导致在对部分内容有所明确和了解的同时,忽略了英语本身知识技能的相关培养。这对我国传统文化核心精神及思想品德等相关内容的学习也容易造成一定程度的影响。在整体的教学设计上,合理的引导以及教学时间的合理分配是目前英语课程融入中国元素过程中需要改善的。

四、教学经验交流缺乏媒介

很多教师在中国元素融入英语课程实施的过程中进行了自我尝试与探索,在课堂中收到了学生的相关反馈和意见,学生的具体学习情况也可以得到一定程度的量化体现。但是不同教师的教学风格会有一定程度的区别,在进行课堂构建以及师生互动的过程当中也有着一定程度的差距,彼此之间都有独到之处,因此需要通过合理的途径来进行沟通交流,促进教学水平的提升。目前很多高校组织的关于中国元素与英语教学研究相关的专题会议及讨论相对较少,在教研会和其他研究讨论的过程当中,相关内容也少有涉及,这就使得英语教学的手段拓展和中国元素融入受到一定程度的阻滞。

第四节　跨文化交际理论融入高校英语教学的策略

一、设计文化主题活动，引导学生在文化熏陶中探究思考

在新的形势下，教师应该勇于尝试新的教学模式，真正落实"以学生为中心"，发挥学生的主观能动性。英语教师应该挣脱教材的束缚，善于借助各种线上资源与线下教学相结合，突破时空的限制，根据学生的年龄与特点巧妙地运用各种教学方式丰富学习环境，大力探索与开展各种文化主题活动，创设真实的文化交际活动，使学生沉浸式地在模拟的教学情境中感受与探索。[①]

例如，在教授"节日与习俗"时，教师可以采取合作学习法。在课前让学生查阅关于西方节日的资料，同时查阅每一个西方节日有无对应的中国节日，如西方的情人节对应中国的七夕情人节。在课堂中，教师可以邀请学生利用五六分钟的时间来进行角色扮演，七夕情人节可以组织学生在班级里用英语准确地来表演牛郎织女的美妙故事，并配有生动的表情和动作，让学生在表演过程中感受七夕的节日文化。

二、第一课堂与第二课堂有机结合，积极开展文化实践活动

高校英语教学的课堂是第一课堂，是学生接收语言知识、训练语言技能的基础，也是教师培养学生跨文化意识和交际能力、传授中华优秀传统文化的主要阵地。各种文化实践活动、特色选修课、慕课平台则为第二英语课堂，可以进一步加深学生对中华优秀传统文化的理解，拓宽学生的视野。在第一课堂中，教师应积极准备授课内容，加强文化知识与语言知识的结合，而不是单纯地输入文化内容。另外，教师可以积极

---

① 岳淑华．传统文化在高中英语写作教学中的应用策略[J]．学周刊，2021(35)：129-130．

引导学生进行中西方文化的对比,培养学生的辩证思维,使学生尊重文化的差异。例如,教师可以设置教学情境,让学生从字词句、对话、语篇中发现文化差异现象,学生也可以分析、讨论、辩论文化差异。鼓励学生积极开展交流活动,自己搜集相关资料,深入讨论文化内涵,辩证地看待文化差异,既可以加深对本国文化的理解,也可以学习优秀的外国文化。高校英语课堂要在课上积极融入文化元素,课后可以积极开展各种实践活动、选修课等第二课堂。将第一课堂与第二课堂相结合,可以尝试改变传统的教学模式,增加学生的学习兴趣。

三、提升教师自身文化素养,师生共同进步

英语教师在英语课堂上扮演着重要的角色,他/她既是语言教学的组织者,又是文化传播的引导者。所以说,教师自身的文化素养水平对于传统文化的融入具有重要的影响。教师自身如果具有丰富的传统文化知识储备,并且具备较强的专业能力,就会采取有效的方式把传统文化合理地融入英语教学之中,进而提高学生的文化知识水平,提高他们的文化素养。

但是,就目前英语教师文化素养的现状来看,部分教师的传统文化素养比较低,他们对传统文化知识了解很少,也缺乏传统文化教育的意识,也就不能够高效地开展英语教学活动。因此,英语教师要转变教育思想,给予传统文化在英语课堂的融入以必要的重视,在不断地提升学生专业素养的基础上,不断地提升自身的传统文化素养。具体提升措施如下。

首先,教师要树立起传统文化的教育观念,提升自身的传统文化意识,以便能够在以后的教学中有意识地把传统文化融入教学中。

其次,教师要积极地利用课余时间进行传统文化的学习,利用网络或者相关的书籍收集中西方文化的相关资料,通过不断学习和内化,有效地提升自身的文化底蕴。

最后,教师也要积极地观摩优秀英语教师的传统文化教育活动,学习他们的教学经验,并结合自身教学的实际,有效地提升传统文化在英语教学中融入的效率。

教师不仅仅是在课堂上传授基础的语言知识,更是发挥着育人的作

第二章　跨文化交际理论与高校英语教学的融合

用,是学生文化素养的培育者。教师自身的文化素养水平会直接影响到学生的学习情况,也直接影响着学生对文化知识的理解。所以,教师要做到以下几点。

首先,保持终身学习的良好习惯,努力提升自己的知识水平,无论是对语言知识的学习,还是对文化素养的提升,都应不断做出努力。

其次,既了解本民族、本国的传统文化、历史文化、新时代科技文化等文化知识,深刻理解母语文化的魅力,也能够通过语言学习了解到国外的文化知识,能够虚心学习对方的优秀文化。

再次,具有批判性思维和国际视野。通过对两种不同文化的对比,加深对彼此的理解,并且能够润物细无声地将中华优秀传统文化融入课堂中,而不是仅仅以学习目的语文化为授课目标。

最后,要端正自己的价值观,注意自己的言行,向学生输出正向优秀的文化知识,能够组织筛选出丰富的素材,并且用恰当的方式来传授给学生,培养学生的跨文化交际能力与批判性思维能力。

在课堂学习过程中,学生也不是被动接受知识的学习者,而是应该成为和教师共同进步的思考者。教师可以组织学生进行各种情境的模拟,教学的课堂可以是采访会、座谈会、辩论会,学生也可以带入各种角色来加深自身对文化知识的理解。而在此过程中,教师也可以从学生的视角来体验更多的文化内涵,通过反思和学习来提升自己的文化素养。师生携手共进,充分了解文化知识,坚定文化自信,努力传播中华优秀传统文化,互相鼓励、共同进步。

第三章　跨文化交际理论背景下高校英语教学内容的构建

　　当今社会急需更多高素质的应用型英语人才,以便于人们展开交流与沟通。这就对英语词汇、语法教学与听、说、读、写、译五项技能教学提出了更高的要求,即要求它们应该实现跨文化转型,在提高学生语言能力的基础上,提高学生的跨文化能力。本章就具体分析这些内容。

第一节　跨文化交际理论背景下的高校英语词汇与语法教学

一、跨文化交际理论背景下的高校英语词汇教学

(一)词汇教学概述

　　词汇是英语语言技能发展的基础。特蕾西提出掌握与运用词汇知识在揭示语言蕴含的意义和准确的语言输出中起着不可或缺的重要作用。她认为即使学习者处于对语言结构完全不了解的状况下,只要头脑中储存了足够的英语词汇知识,就可以通晓和表达第二语言。对词汇的掌握和运用是英语学习的关键,也是英语学习的基础。在教学过程中,教师占据着主导地位。教师传授知识,学生接受知识,学生对词汇的认识主要是教师对学生进行词汇教学。不同研究者对词汇教学概念有不

第三章 跨文化交际理论背景下高校英语教学内容的构建

同认识。理查兹对词汇含义进行解释,他认为词汇是书写或话语表达过程中最小的语言单位。他总结了词汇教学包含的八方面内容:一是扩大学习者的词汇量;二是掌握词汇的搭配形式;三是掌握词汇的功能性以及根据情境使用合适的词汇;四是掌握词汇在语言结构中充当的成分;五是掌握词汇的多种形式,如在词根加上前缀或后缀组成新词、两个及三个单词构成的合成词、由一种词性转化为其他词性的词汇等派生形式;六是掌握词与其他词之间的语义网络知识;七是掌握词汇的语义特征;八是掌握词汇的多种词义。理查兹的研究表明了词汇教学的真正内涵。[①]

霍华德(Howard)在《词、意义和词汇:现代英语词汇学引论》中提出词汇教学需要注重两方面内容:一是如果不重视对词汇教学的研讨,就无法在词汇教学研究中取得成果,因为词汇教学关键是确定词汇研究的范围和英语的学科性质;二是研究词汇教学不是漫无目的地研究单一或某一学科词汇知识,而是要参考其他或相关学科研究者的研究内容以及结合多样化的多媒体技术。长此以往,词汇教学才会有突破性进展。

科迪(Coady)在《第二语言词汇习得》中提出词汇教学研究和当时背景下词汇教学中存在的问题,以及如何通过有效措施改进词汇教学。在他看来,学生词汇学习质量不高、阅读能力差的主要影响因素是学生没有充足的词汇量,根据上下文联系猜测词汇含义的能力不够。[②]

李维斯(Lewis)创立词汇法进行词汇教学并提出以下关于词汇教学的见解:一是语言教学离不开词汇知识,词汇是语言习得的主要部分,学生要提高学习英语自信心,教师需要给予学生更多的支持与帮助以及引导学生多掌握相关词汇;二是词汇的学习离不开语境的创设,语境能对交际活动中的语言现象进行解说,使学生充分理解交际者想要传达的词汇信息,正确理解词汇内容;三是培养学生对词汇的敏感度意识,使学生自觉关注词汇的含义与用法,提高学生对词汇的认知,逐渐提高学生词汇学习兴趣;四是学生在词汇学习中难免出现错误使用或理解有误的情况,针对这种情况,教师不要直接纠正错误打击学生信心,而要尝试用重

---

① Richards,J. C. & Rodgers T. S. Approaches and Methods in Language Teaching:A Description and Analysis [M]. Beijing:Foreign Language Teaching and Research Press,2000.

② Coady,J. & Huckin, T. Second language vocabulary acquisition[M]. Shanghai:Shanghai Foreign Language Education Press,2001.

构的方式使学生认识语言信息使用错误。①

  我国学者胡春洞提出词汇教学等同于文化教学、沟通交流教学、学生思考教学、学习教学以及语言教学。词汇教学本质上就是第二语言英语教学。他提到词汇教学内容要全面展开,不能局限于讨论词汇本身,要超出词汇范畴,改变固化模式,将词汇教学与语言、文化相联系,注重词汇教学的广泛化、多元化。②

  中国英语教育学界认同胡教授的词汇教学研究观点,是语言学家和教育者词汇研究的主流观点。桂诗春提到英语教师在进行词汇教学过程中不仅要教授学生单个的词,还需要教给学生与词汇相关的搭配、习语等。③

  王电建提出英语词汇教学是教师单向传授学生需要掌握的词汇知识,使学生理解词汇含义、准确发音,促进学生在听、说、读、写中词汇运用能力的提高。④

  章柏成和韦汉依据英语词汇教学活动中实际呈现的不同形式将词汇教学分为两大类,即直接和间接词汇教学。直接词汇教学是教师将词汇的音、形、义以及用法作为教学内容,并把词汇当作教学目标中的重要内容。间接词汇教学是教师组织和开展语言技能教学,加强学生听、说、读、写和四种技能的综合运用能力并促进师生共同学习的活动。学生通过教师开展的活动习得英语词汇,从而增加自己的词汇量,提升英语理解和使用能力。⑤

  刘靓提出词汇的掌握程度决定个人的语言能力。⑥ 王笃勤提出英语词汇教学将词汇知识作为教师教学过程中有意传递的主要信息,并将词汇的认知和体会以及词汇的运用作为教与学相互作用过程中的最终目的。⑦

---

① Lewis,M. The Lexical Approach [M]. Hove and English:Language Teaching Publication,1987.
② 胡春洞. 英语教学法[M]. 南宁:广西教育出版社,1990.
③ 桂诗春. 英语词汇学习面面观——答客问[J]. 外语界,2006(01):57-65.
④ 王电建,赖红玲. 小学英语教学法[M]. 北京:北京人民大学出版社,2014.
⑤ 章柏成,韦汉. 英语词汇教学的呈现方式研究[M]. 北京:外语与外语教学,2004.
⑥ 刘靓. 论外语词汇教学的几项基本原则[J]. 学术交流,2013(S1):142-143.
⑦ 王笃勤. 小学英语教学策略[M]. 北京:北京师范大学出版社,2010.

第三章 跨文化交际理论背景下高校英语教学内容的构建

由此可见,英语词汇教学不仅是呈现词汇,让学生掌握词汇知识,还需要与和语言相关的因素合作共同完成词汇教学。不同时期的教育家们对词汇教学理论研究有着不同的观点。正是教育家们对词汇教学理论的辩证讨论,使英语教师在教学活动中尝试对不同的词汇教学理论进行实践,促进了词汇教学理论和词汇教学活动发展。

(二)跨文化交际理论背景下高校英语词汇教学的优化方法

教师应该将情境教学法应用于高校英语词汇教学中,具体如下。

第一,运用音乐情境,导入英语词汇教学。音乐能够带给学生良好的听觉感受,有利于渲染课堂氛围。在词汇教学中,高校英语教师运用音乐情境,能够实现课前导入,可以快速地将学生的注意力吸引到单元词汇知识上来。在实际教学时,教师可以借助教室内的多媒体设备或自己的手机设备,播放与单元主题相关的歌曲,创设合适的音乐情境,并观察学生的表情、行为等,进而抓住教学契机,引出本单元的词汇知识,带领学生展开词汇教学。另外,教师在该环节也可以发挥学生的主观能动性,邀请喜欢唱歌、会唱歌的学生演唱相关的歌曲,使学生在自我表现的过程中产生学习兴趣。这样教师能够优化课前导入的方式,有利于为英语词汇教学打下良好的基础。

第二,运用图像情境,解读英语词汇含义。图像情境是教师常用的教学情境,能够有效地辅助教师讲解教材上的文本内容。目前,许多教师在讲解英语词汇时都习惯采用口述的方式,往往在告诉学生词汇的含义后带领学生重复朗读。学生以这种方式学习英语词汇,往往记得快、忘得也快。同时,许多学生未养成良好的复习习惯,所以很快就会忘记刚学过的词汇。针对此情况,教师可以结合词汇的含义,使用多媒体创设图像情境,将词汇表达的内容生动、形象地展现出来。在展示图像的基础上,教师辅以语言描述,解释图像中的内容,加深学生对词汇含义的理解。这样学生在学习词汇时,将会产生浓厚的兴趣,有利于更好、更快地记住词汇的含义。

第三,实物演示情境,帮助学生记忆词汇。实物情境应用于课堂教学,有利于加强现实生活与课堂教学的联系,能够激起学生长远的联想。在学习英语词汇时,学生除了识读词汇之外,还需要牢牢地记住某些重点词汇,以便之后更好地进行阅读学习和写作学习。目前,大部分教师只是在讲解完词汇之后布置背诵任务,很少考虑到学生记忆词汇的难度,也没有过多地讲解记忆方法。所以,很多学生难以在规定的时间内有效地记住英语词汇。针对此情况,教师可以采用情境教学法,运用身边的真实物品演示情境,激发学生想象力,使学生能够由实物产生联想,进而更快、更准地记住英语词汇。这样学生在看到某些实物时,会不由自主地想起相关的英语单词,从而达到深度记忆的效果。

第四,创设对话情境,推动学生运用词汇。在学习知识的基础上,学生还需要懂得运用知识。就高校英语词汇教学而言,教师帮助学生识读单个词汇之后,更要锻炼学生运用词汇的能力,使学生能够运用词汇表达自己的观点。在实际教学中,教师可以结合某些重点词汇知识,创设对话情境,组织学生运用词汇进行对话练习。创设情境时,教师基于单元词汇,设置基本的故事框架,然后让学生借助单元中的词汇设计具体的对话内容。在该环节,教师可以引入小组合作法,让学生以学习小组为单位展开合作学习。这样的方式有利于提升学生对英语单词、词汇、句式等的应用能力,同时有利于养成"说英语"的学习习惯。

第五,借助问题情境,促使学生深度学习。思考是一种良好的学习方式,有利于学生深化对知识点的认识并增强思维能力。学生通过自主思考获得问题的答案,往往比教师直接讲述问题的答案更能取得良好的效果。就高校学生而言,教师在教学中不只要传授给他们知识,更要锻炼他们的探究能力。所以,在高校英语词汇教学中,教师应当设计知识问题,围绕英语词汇知识创设问题情境,通过问题引导学生思考、探究,并借助问题情境启发学生思维。在学生思考问题之后,教师要为学生提供表达机会,使学生能够讲解问题、阐述答案。

总而言之,高校英语词汇教学是英语教学的关键环节。通过词汇教学,教师帮助学生识读词汇、记忆词汇、运用词汇,为学生读懂文章、创写文章打下基础。高校学生对课堂教学方式的要求往往更高,他们需要通过生动、有趣的教学方式调动学习热情。情境教学法适用于高校英语词汇教学,能够推动词汇教学高质量开展。在今后的教学中,高校英语教师需要结合词汇教学现状,围绕教材中的重难点词汇,创设多元且有用的教学情境,利用教学情境推动学生思考、深化学生记忆。

二、跨文化交际理论背景下的高校英语语法教学

(一)语法概述

语法属于经验认识的理论,它是人类生活的物质和意识两方面持续辩证发展的结果。如果将语言看成是人类对经验的识解,那么语法就是经验识解的方式。语法虽然使意义的表达具有可能性,但是同时也限定了什么可以被意义化。

语法在语言中具有举足轻重的作用。当谈及语法的定义,不同的学者有不同的界定。

英国著名应用语言学家H.G.威多森对语法的定义为,语法是一个规则系统,包括词汇变化规则和词汇造句规则。

美国路易斯安那州立大学的语言学教授尤尔(George Yule)认为,语法是一套结构体系,其分析框架包括意义、形式和用法三个方面。这三个方面是相互结合的,可以通过应用的上下文语境来解释不同的语法形式和不同的语法意义。

朗曼在《应用语言学词典》中将语法定义为,语法是对语言单位(词汇、词组等)组成句子时所遵循的方式的一种描述,这种描述往往包括了句子各个语言系统下的含义和功能。

北京大学英语系教授胡壮麟认为,语法应该被看作一个理性的动态系统而非任意规则的静态系统。这种定义更有利于在语言教学中培养学生良好的语言应用能力。

1. 句法关系

句法关系基本上是一些很简单的关系,可以分为三类:位置(positional)关系、同现(co-occurrence)关系以及可替换(substitutability)关系。[①]

(1)位置关系

位置关系如句子的词序一样呈显性,可以观察到;另外两种关系则呈隐性,单凭观察句子不能揭示它们,而是要通过互相比较一系列的句

---

① R.H.罗宾斯,申小龙.普通语言学导论[M].上海:复旦大学出版社,2008.

子序列。例如：

词汇：old、wolf、killed、man、the、an/a 可能组成如下几种句子。

A wolf killed an old man.

The old man killed a wolf.

An old wolf killed the man.

但是，如果组合成下面这两句，就是逻辑不通的。

A the old man wolf killed.

Old killed man wolf the a.

显然，上面两句话仅仅是把词进行了堆砌，并未按照正确的语序进行排列，因此是不合逻辑的句子。

(2)同现关系

人们所说的同现关系，是指不同词类的词允许或要求另一词类的词出现，以构成句子或句子的特定成分。因此，英语中 man、horse 等一类的词在短句中可以后接 eat、live 一类的词，而且经常是如此后接的，尽管说所有合格的句子一定都是这种类型的是荒谬的。答问句常常可以是其他类型的，许多语言中相当多的独词句就是答问句。man、horse 等一类词前可以是 good、strong 等一类词，也可以有 the 和 a。但是 the 和 a 如果要置于 eat、breathe、live 类的词语前，就要求一个 man 类或 good 类的词语共现。我们在这里立刻就可以看到成分的位置序列起了作用：the 的出现既以 good 等或 horse 等为前提（the good are honoured，the horse eats），又必须出现在固定的相关位置上。如果要全部置于 eats、works 等前面构成一个完整的句子或作为完整句的第一部分，那么 the strong horse 就是三个词唯一允许的词序。下面请看图 3-1。

$$\begin{Bmatrix} \text{An Asian} \\ \text{The cute} \\ \text{An angry} \\ \dots \end{Bmatrix} \begin{Bmatrix} \text{girl} \\ \text{boy} \\ \text{man} \end{Bmatrix} \begin{Bmatrix} \text{laughed} \\ \text{sang} \\ \text{screamed} \\ \dots \end{Bmatrix}$$

图 3-1 同现关系示例图

(资料来源：牟杨，2009)

图 3-1 中前面的修饰词语与后面的动词短语之间属于一种同现关系。

第三章　跨文化交际理论背景下高校英语教学内容的构建

（3）可替换关系

相同的句子结构在语法上有可以相互替换的词类或词的集合,但除此之外,多于一个词的词组无论它在句子中相邻还是分开,都可以作为整体在语法上被替换为一个特定词集中的一个词。在英语 man lives, man wants little 等句子中,词组 the man 可以替换 man,但不能替换 the; strong man 可以替换 the man drank it all 等中的 man。在 yesterday he came 中,came 可用以替换 yesterday…came,但 yesterday 则不能如此替换(he came 是句子,但 yesterday he 不是)。下面请看图 3-2 与图 3-3。

$$A \begin{Bmatrix} \text{little boy} \\ \text{pretty girl} \\ \text{sad women} \end{Bmatrix} \text{ran away.}$$

图 3-2　纵聚合关系示例图一

（资料来源:牟杨,2009）

$$\text{He called} \begin{Bmatrix} \text{yesterday.} \\ \text{last night.} \\ \text{a week before.} \end{Bmatrix}$$

图 3-3　纵聚合关系示例图二

（资料来源:牟杨,2009）

2. 句法结构

句法结构是指句法单位与句法单位之间相互联系、相互作用的方式。相同的句法单位按不同的方式联系起来,所形成的语言片段的意义就会不同。基本的句法结构类型有如下几种。

（1）主谓结构

主谓结构有主语和谓语两个结构成分,结构成分之间有话题与陈述的关系,所以又叫"陈述结构"。例如:

He slept.

他睡了。

（2）述宾结构

述宾结构有述语和宾语两个结构成分,成分之间有支配和被支配的关系,所以又"称支配结构"。例如:

To repair the car.

修理汽车。

一个述语有时还可以带两个宾语,这样一个述宾结构就有三个结构成分了。例如:

Gave me some pictures.

给我一些照片。

(3)偏正结构

偏正结构有偏与正两个结构成分。正的部分叫中心语,当中心语由名词充当时,偏的部分叫定语。例如:

red flag 红旗

当中心语由动词、形容词充当时,正的部分叫中心语,偏的部分叫状语。例如:

come again 再来

(4)述补结构

述补结构由述语、补语两个结构成分。成分之间有补充说明和被补充说明的关系,补语出现在述语的后边,带有补充修饰的意味。例如:

They painted the house a hideous shade of green.

他们把房子漆成了可怕的绿色。

(5)联合结构

联合结构有两个或两个以上的结构成分,成分之间有并列在一起的关系,所以又叫"并列结构"。联合结构无论有多少个结构成分,整个结构的语法功能等同于其中一个成分的功能。例如:

boys and girls 男孩和女孩

句法规则决定句子的语序是否正确。我们知道英语的冠词如 the 或 a 位于名词如 animal(动物)之前,而句子则不只是将单词像串珍珠似的前后相连而已。例如,synthetic buffalo hides 所示,句子中的词可以分为两个或更多的词组,每一词组内部又可以进一步分为小词组等,直到只剩下单个的词为止。例如:

The child found the puppy.

孩子找到了小狗。

这个句子由两个主要的词组构成,或称组成成分:

The child　　found the puppy

(孩子)　　　(找到了小狗)

与句子的"主语"和"谓语"相对应。这些词组可以进一步切分直到原句成分像下面图 3-4 所示的那样。

这样的图解叫作成分结构树,这是一棵倒长的"树","根"在上,"叶"在下,在树的"分枝"处的每一节点上,有一组词形成句子的一个部分或称结构成分;树的底部是单个的词或语素。除了揭示线性次序,成分结构树还具有层次结构。这一术语的意思是,组成结构成分的词组或小词组由它们在树上所出现的层次来表示。

```
              The child found the puppy.
                  /              \
            The child          found the puppy
             /    \              /      \
           The   child        found    the puppy
          (冠词)（孩子）      （找到）    /     \
                                      the    puppy
                                    （冠词）（小狗）
```

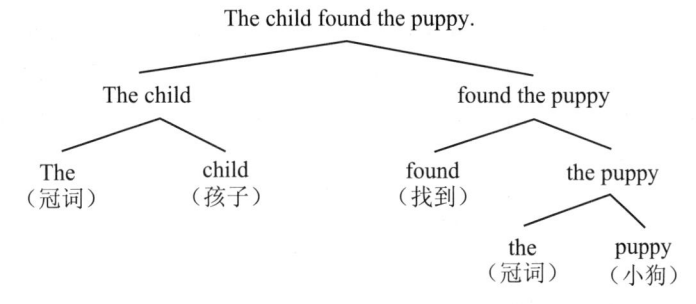

图 3-4　"The child found the puppy."的结构树[①]

这一图解表明 found the puppy 这一短语自然地分为 found 和 the puppy 两个部分。不同的切分,如 found the 和 puppy 则构成"不自然"的词组,因而就不是组成成分。请注意,对于"What did you find?"(你找到了什么?)的回答可以是 the puppy,但没有一种潜在问句的回答可以是 found the。这一测试表明 the puppy 是一个结构成分,而 found the 则不是。

Synthetic buffalo hides 这一短语具有两种可能的成分结构树,每一株树表示一种可能的意义,因此成分结构能清楚地解释为什么该短语是歧义的,如图 3-5 所示。

[①] 维多利亚·弗罗姆金,罗伯特·罗德曼.语言导论[M].沈家煊,周晓康,朱晓农,译.北京:北京语言学院出版社,1994.

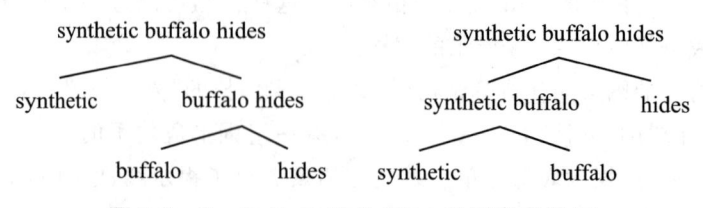

```
       synthetic buffalo hides                    synthetic buffalo hides
        /            \                              /                \
   synthetic      buffalo hides              synthetic buffalo       hides
                   /      \                    /          \
                buffalo   hides            synthetic     buffalo
```

图 3-5　Synthetic buffalo hides 的两种结构树

所有语言中的句子都可以用成分结构树来表达，所有语言都有句法规则决定词的线性次序及其层次结构，即词如何组合成结构成分。

句子的成分结构还揭示哪些成分可以互相替换，而不改变句子的合语法性，如组成成分 the child 和 the puppy 在图 3-6 中可以互相替换。

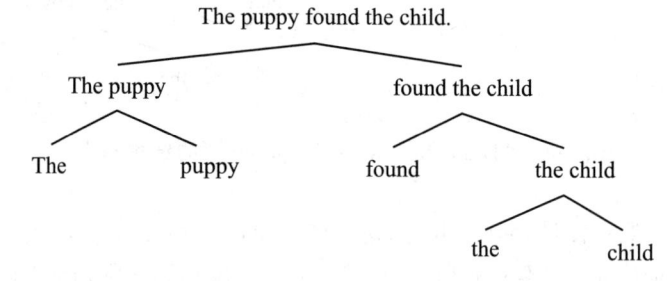

```
              The puppy found the child.
               /                    \
          The puppy            found the child
           /    \               /         \
         The   puppy         found      the child
                                         /     \
                                        the    child
```

图 3-6　"The puppy found the child."的结构树

可以互相替换而不改变合语法性的组成成分属于同一句法范畴，the child 和 the puppy 同属于名词词组（NP）这一句法范畴。名词短语很容易辨认，因为它们能在句子中作"主语"或"宾语"，也只有名词短语可以作主语和宾语，名词短语一般包括一个名词或代词。句法知识的一部分就是知道语言中的句法范畴，知道什么是名词短语，即便以前从未听说过这一术语。

用"Who found（谁找到了）_____?"和"_____ was lost（_____丢失了）。"这样的格式将名词短语插入空位，就能辨别下面的表达式中哪些是名词短语了，你"觉得对"的那些成分就是名词短语。

①a bird 一只鸟

②the red banjo 红的班卓琴

③have a nice day 过得愉快

④with a balloon 带一个气球

⑤the woman who was laughing 在笑的女人

⑥it 它

⑦John 约翰

⑧run 跑

我们预料你会把①②⑤⑥⑦看作名词短语。

还有些其他的句法范畴。found the puppy 这一短语是动词短语（VP），动词短语总是包含一个动词，后面可以跟随其他成分，如名词短语。一种句法范畴可能包含其他句法范畴。可以用"The child _____"这一框架来确定下面这些句子中哪些是动词短语。

①saw a duck 看见一只鸭子

②a bird 一只鸟

③slept 睡觉了

④smart 伶俐的

⑤is smart 是伶俐的

⑥found the cake 找到了那块饼

⑦found the cake in the cupboard 在碗柜里找到了那块饼

①③⑤⑥和⑦是动词短语。

（二）跨文化交际理论背景下高校英语语法教学的优化方法

聚焦文化意识培养的英语语法教学，不仅能使学生习得相关语法项目，而且可以使学生在拓展文化知识、对比文化差异、理解文化内涵的过程中，提升跨文化交际能力与传播中华文化的能力。在实际教学中，教师应找准语言教学和文化意义培养的结合点，采取导入、渗透、比较等灵活多样的方法施教。具体而言，聚焦文化意识培养的语法教学可以从以下三个方面着手。

一是认真研读教材内容，确定教学主线。教材只是载体，教师要树立用教材教而不是教教材的基本理念。对于学生不熟悉的教材编排内容（如文化知识），教师可以把其作为暗线，引导学生通过比较、体验、赏析、应用所学语法知识来获得文化知识、理解文化内涵。

二是用心搜集教学素材，设计综合活动。"灌输式"的语法教学和"强加式"的文化知识传授容易使学生产生畏难情绪。这就要求教师采用一系列具有综合性、关联性和实践性的英语学习活动，引导学生观察、发现、总结、归纳语法规则和意义,进而使用所学语法知识来表达思想、传递意义,树立并坚定中华文化自信。

三是重视创设教学情境,实施即时评价。教师要改变碎片化的、脱离语境教授语法的教学方式,有目的地创设具有文化氛围的教学场域,引导学生在体验中学习、思考相关语法知识,学会用得体的语言传递信息、表达情感或观点,并通过自评、互评等即时评价,有效传播和弘扬中华文化。

第二节 跨文化交际理论背景下的高校英语听说教学

一、跨文化交际理论背景下的高校英语听力教学

(一)听力概述

随着听力的作用逐渐凸显,很多应用语言学家提出听力是语言学的重要手段,并且开始了对听力的研究。

听力理解就是利用大脑中已有知识,对听力材料进行正确的理解,是一个从语音信号识别到语义构建的极复杂过程。

在听、说、读、写这四项技能中,听往往被认为是接受性的一项技能,但是并不能说听就是一个被动的过程,而应该认为听是一项非常主动的活动,是一个积极地处理信息的过程。根据心理语言学的研究,听的过程与人的记忆力关系非常密切。人的记忆力(图 3-7)划分为三种,即感知记忆、短时记忆和长时记忆,三者所承担的任务不同,构成一个完整的对信息加以处理的系统。

外部的信息经过人类的感官,会保持一个较短的时间,这就是感知记忆,是瞬时的,指的是外部刺激以一个非常短的时间呈现之后,一些信息会通过感觉器官输入并登记在头脑中,形成瞬时记忆。显然,这是信息加工的第一阶段。

第三章 跨文化交际理论背景下高校英语教学内容的构建

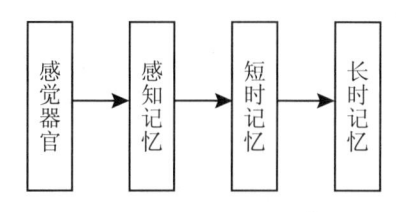

图 3-7 记忆的过程①

短时记忆指的是信息呈现之后,保持一秒钟时间的记忆。其与感知记忆不同,感知记忆中的信息并未进行加工,是一种不被意识到的记忆,但是短时记忆是经过加工的,是一种活动的记忆。人们短时间记住某件事,是为了加工这件事情,但是加工之后很容易会遗忘。如果需要对这件事进行长期保持,就需要对其进行加工编码,然后存储到长时记忆中。短时记忆中的信息有些是来自感知记忆的,有些是来自长时记忆的。因为人们需要某些知识的时候,往往会从长时记忆中进行提取,这样提取的信息就成了短时记忆,便于人们运用。

长时记忆指的是学习的材料经过复述或者复习之后,在头脑中进行长久存储的一种记忆。可以说,长时记忆是一个信息库,其中的容量是无限的,可以将一个人对于世界的一切认识存储起来,并为他的活动提供基础和依据。信息从短时记忆向长时记忆转化,需要对信息进行加工。所谓加工,即对材料进行整合,将新的材料纳入自身的知识系统之中,当然这需要对信息进行组织编码。

根据三种记忆的阶段,听的心理机制可以归纳为三点。

在第一阶段,声音通过人的感觉器官进行感觉记忆,并根据自身已有的知识,将这些信息转向有意义的单位。在感知记忆中,信息存储的时间非常短,听者需要把握时间对这些信息加以整理。人们在听母语的时候,这种感知记忆是非常容易实现的,但是如果听的是外语,那么就会出现一系列问题,甚至很多时候人们还没处理完信息,新的信息又进入了,导致自身没听懂。

在第二阶段,信息处理在短时记忆中实现,当然这一过程也是非常短暂的。在短时记忆阶段,听者将听到的信息与自身在长时记忆中的存储信息进行对比,将记忆中的信息展开,从而构筑新的命题。听者需要

---

① 崔刚,罗立胜.英语教学理论与实践[M].北京:对外经济贸易大学出版社,2006.

对语流加以切分,当然切分的目的在于获取意义,当获取了意义之后,听者就会忘却具体的词汇、语句。显然,在这一阶段,处理的速度是非常关键的。已有的信息必须在新的信息进入之前就处理完成,当然这很容易使学习者的脑容量超载,甚至很多时候无法从信息中获取意义。但是随着学习者听力水平的增加,他们具备了一定的知识储备,那么对信息的处理能力也会加速,从而能够留出多余的时间处理那些较困难的信息。

在第三阶段,听者会将所获取的意义转向长时记忆中进行存储,并与自身的信息紧密联系起来,从而对命题的意义进行确立。如果新输入的信息与自身的已知信息能够匹配,那么就说明这些新信息容易理解。在这一阶段,如果形成的命题与长时记忆中的固有信息紧密联系的时候,大脑往往会通过积极思维展开分析与归纳,从而使这些信息连贯起来,构筑新的意义,最后储存在自身的长时记忆中。

(二)跨文化交际理论背景下高校英语听力教学的优化方法

1. 通过文化图式营造与文化背景类似的听力氛围

在英语听力课堂上,教师可以通过文化图式营造与文化背景类似的听力氛围。在听力课之前,教师可以利用几分钟时间结合本章内容引入相应的文化话题,组织学生开展"头脑风暴",让学生在听力内容开始之前,建立相关文化图式的预设,以便加深理解。除此之外,教师也可以提前布置与本章内容相关的课前预习任务,让学生在预习的过程中建立文化图式,在课前引导时通过相似的材料与内容"激活图式",从大脑已有的图式中提取相关文化背景知识,这个"激活"的过程就是营造听力氛围的过程。

就新闻听力而言,教师可以在课前引导学生通过分组讨论、模拟新闻主播播报等方式讲几个最近发生的新闻事件,唤醒并提高学生对新闻的感知力,培养学生对关键信息的敏感度。

2. 通过文化图式构建相互联通的语义网络

图式存在于大脑的认知结构中,是人们对外界的系统化认知与整合,但人的认识是有限的,大脑中的图式也是有限的。因此,教师需要不断帮助并引导学生建立新的图式,以此吸纳新的认知并扩展已有的图式。以新闻听力为例,许多学生由于不关注新闻,他们头脑中已有的相关图式非常有限。面对这种情况,授课教师可在课堂上为学生构建互联互通的语义网络,从而加强不同文化之间的关系。例如,某篇新闻听力材料中涉及 Boxing Day(节礼日)一词,这个词对于大多数学生而言都较为陌生。因此,教师可以为学生讲解他们比较熟悉的节日以及相关节日传统,再为其引出 Boxing Day,使其产生联想,能够通过类推来建立新的文化图式。通过扩展已知的图式,学生能更好地理解传统西方节日"节礼日"。引入新的背景知识是教师帮助学生建立新图式的一种方式,能够有效提高学生的听力理解能力。

二、跨文化交际理论背景下的高校英语口语教学

(一)口语概述

在 18 世纪,关于言语的研究主要在于如何对语法进行正确的使用。即便如此,优雅的语言逐渐成为人们对语言进行准确使用的目标。在这一时期,出现了语法翻译法,并在 18 世纪末期盛行,这一方法是用母语来讲述外语的一种方法,在外语教学中,这一方法有着极大的影响力,并在很长的一段时间存在。因此,虽然人们对于口语存在着很大的兴趣,但是对当时的教育影响不大。

19 世纪,随着语言教学的推进,口语理论也发生了巨大改变,这一改变尤其体现在欧洲使用的语法翻译理论被 19 世纪 80 年代的改革运动取代。改革运动的精髓主要包含如下几个层面。

(1)口语占据第一位,口语教学法在课堂上绝对优先。

(2)把围绕主题的相联系的语篇作为教学的核心。

在这一时期,出现了自然法、谈话法、直接法、交际法等听说领先的教学方法。[1]

到了 20 世纪 50 年代,情境教学法在法国兴起,并先后流传于英国、南斯拉夫等国家。随着录音技术的进步以及彩色出版物的出现,以言语

---

[1] 唐大光.专业发展视角下高校教师教学的理性思考[M].长春:吉林科学技术出版社,2019.

作为媒介推进语言学习成为焦点。虽然口语被运用到自然的教学中,但实际形式并不是展开自然的交流,因为要练习语法结构,必然对口语交流进行限制,因此20世纪上半期的口语教学理论实际上是自相矛盾的。

在20世纪70年代,外语教学越来越多地受到了认知理论和社会语言学理论的影响。很多语言学家也逐渐认识到,听说法将语言交际的两个层面忽略了,即过分重视语言的结构形式,却忽视语言的内容与意义。并且,听说法比较具有机械性,使得句型操练脱离了具体的语境,很难培养和提升学生的交际能力。显然这一教学法对于交际过分强调,并认为英语教学不应该如同语法翻译法那样对于语法过分强调,也不能像听说法那样对于结构过分强调,而应该从语言的表意功能出发。这样做可以体现以学生为中心,基于学生的实际情况对教学内容加以选择,对教学目标进行合理的确定。显然,这一教学法的主要目的在于培养学生的交际能力。受到20世纪60年代乔姆斯基著作的影响并伴随着20世纪七八十年代"交际法"的不断壮大,语言教学领域朝着两个方向分化,并且这两方面都对当今人们对口语形式的认识产生了一定的影响。

近些年,一些学者又提出了任务型口语教学的理论,这一模式是基于二语习得理念建构起来的,同时也吸收了交际法的精髓。任务型口语教学将交际意义视作中心,主要为了学生的交际能力服务。但是,由于其过分强调交际,这会让学生过分依赖交际策略,甚至也会将注意力转移到交际上,因此会在一定程度上丧失对整体性的理解。

(二)跨文化交际理论背景下高校英语口语教学的优化方法

1. 充分应用跨文化交际策略开展英语口语教学

促使学生掌握成功开展跨文化交际的能力,是英语口语教学的重要目标,而将跨文化交际策略渗透到英语口语教学工作当中,则是实现这一目标的必要路径。然而,在当前的英语口语教学实践过程中,各级院校所开展的跨文化交际策略教学工作都呈现出了隐性特征。这主要是因为当前大部分的英语教材更为重视理论教学,如词汇教学、语法教学等,而没有能够对跨文化交际策略进行系统性的呈现。虽然教育工作者可以从英语教材中挖掘出与跨文化交际策略相关的内容,但这些内容显然难以满足跨文化交际策略教学发展需求。在此背景下,教师有必要对

第三章 跨文化交际理论背景下高校英语教学内容的构建

跨文化交际策略进行系统性的整理与呈现,从而在丰富英语口语教学资源的基础上,为跨文化交际策略教学成效的提升提供支撑。例如,英语教师有必要将跨文化交际过程中涉及的中外文化差异以及具体的语言策略、非语言策略进行归纳,并指明不同的跨文化交际策略所具有的不同应用场景,从而促使学生更为简明准确地掌握跨文化交际策略,并提升学生对跨文化交际策略进行应用的能力。另外,在对跨文化交际策略资源进行整理与呈现的过程中,教师需要体现出对学生英语素养基础、口语表达能力的关注,确保教学资料难度与学生学情的适应性,从而提升跨文化交际策略的利用价值。

(1)组织学生开展自主探索与总结

在英语口语教学中,学生是学习掌握跨文化交际策略的主体。为此,教师需要尊重学生的主体地位,充分发挥出学生在跨文化交际能力建构中的主观能动性。在此要求下,教师可以组织学生通过开展口语表达与交际实践,引导学生解决交际过程中存在的问题,并要求学生对交际过程中所使用到的跨文化交际策略进行总结,这不仅有利于深化学生对跨文化交际策略的理解程度与应用能力,而且也能强化学生所具有的跨文化交际意识。具体而言,在组织学生开展自主探索与总结的过程中,教师需要做好两个方面的工作:一方面,教师需要引导学生进行分组,并在此过程中合理控制学生开展口语表达与交际的程度;另一方面,教师需要做好教学任务设计工作,促使学生有目标、有针对性地开展口语表达与交际以及跨文化交际策略探索与总结工作。另外,教师有必要根据学生所具有的英语口语表达能力以及跨文化交际能力,合理设定学生自主探索与总结工作的难度。例如,当学生具备较高的英语素养时,教师不仅有必要要求学生以小组为单位使用英语开展交际实践,而且有必要要求学生使用英语开展组内探讨工作,这对于进一步深化学生对跨文化交际策略的认知与掌握具有重要意义。

(2)依托情境渗透跨文化交际策略

相对于组织学生开展自主探索与总结而言,在完成理论教学的基础上,通过创设情境引导学生开展跨文化交际策略应用实践,能够促使学生实现理论与实践的紧密结合,并通过实践来完成对理论知识的训练与内化。具体而言,在依托情境教学引导学生对跨文化交际策略作出认知与掌握的过程中,教师需要创造出能够使用特定跨文化交际策略解决交际困难的情境,并要求学生在这种情境下对相应的跨文化交际策略进行应用,从而促使学生对这种跨文化交际策略进行深入理解。

这种跨文化交际策略的应用方式,不仅能够有效缓解学生在掌握跨文化交际策略过程中的焦虑情绪,提升学生在英语口语训练过程中的兴趣与参与度,而且能够促使学生通过对跨文化交际策略进行体验真正地认识到各类跨文化交际策略所具有的实用价值与使用方法。由此可见,教师有必要重视情境教学法在跨文化交际策略应用过程中所具有的优势,并重视对教学情境进行持续的优化。如在对教学情境进行预设的过程中,教师可以使用多媒体等现代教育技术,对情境信息进行呈现,促使学生对教学情境产生直观了解,从而更为深入地融入教学情境当中。

(3)跨文化交际策略应用工作的评估

在英语口语教学工作中,对跨文化交际策略进行应用具有重要意义。在此过程中,教师不仅需要重视探索跨文化交际策略在英语口语教学中的应用方式,而且也需要重视围绕跨文化交际策略应用工作构建完善的评估体系。这项工作的开展,能够促使教师与学生更好地发现跨文化交际策略应用过程中存在的问题与不足,从而有针对性地对跨文化交际策略应用过程进行优化,进而有效提升学生对跨文化交际策略的理解与掌握程度。

具体而言,在围绕跨文化交际策略应用工作开展评估的过程中,教师需要以口语教学中跨文化交际策略应用工作目标为依据,并通过对这一目标进行细分,来完善跨文化交际策略应用工作评估指标体系。在评估内容方面,教师既需要了解学生对跨文化交际策略的理解与掌握状况,而且也有必要引导学生对教学过程中使用的教学模式、教学方法等进行评价,从而促使跨文化交际策略应用及其评估能体现出对学生满意度的关注与重视程度。在评估方法方面,包含理论测试、实践考评以及评教工作,目的是从不同的角度对跨文化交际策略应用工作成效作出考量与呈现,确保评估工作能够对教学实际作出全面反映。

在英语口语教学中,跨文化交际策略的应用与渗透对于学生跨文化交际能力的发展发挥着不可忽视的推动作用。为此,教师不仅需要重视将跨文化交际策略渗透到英语口语教学实践当中,而且需要重视整理与呈现跨文化交际策略资源,组织学生在自主探索的过程中掌握各类跨文化交际策略,并依托情境教学深化学生对跨文化交际策略的理解,在做好教学评估工作的基础上,为跨文化交际策略应用路径的持续优化提供依据。

第三章　跨文化交际理论背景下高校英语教学内容的构建

2. 主题教学法

英语口语的主题类型多种多样,除日常交谈口语外,还有思辨口语、演讲口语等形式,同时也会因交际对象和使用场合的不同而发生变化。

(1)口语交际课程

日常生活中的口语交际是人们口语表达能力最直接的体现。语言交际能力既包括语言能力,又包括语言运用。海姆斯(D. H. Hymes)曾指出交际能力的四个特征[①]:能够辨别、组织出合乎语法的句子,在不同的语境中能够使用恰当的语言,能够正确判断语言形式的可接受性,了解语言是否在现实中常用。

口语交际课程的特点是教给学习者能在真实生活中使用的语言,其教学目的是提高学习者运用英语进行交际的能力,能够用英语正确表达出自身的思想和感情。口语交际课程中的英语教学以达意为主,追求有效的交际功能。学习者在交际课程中要保证语言的流畅性和可接受性,不过分追求精确性。口语交际课程的活动形式多种多样,下面介绍几种主要的教学形式。

①两人活动。两人活动在交际课程中的施行简便快捷,效率高。教师在两人活动中是监督者,不随意打断学习者的对话,不在一旁发表自己的意见,同时注意学习者在交谈中所出现的语音、语法错误,并在对话活动结束后及时指出。两人活动是在交际课程中应用最普遍的形式,在相互提高口语表达能力的同时,培养合作意识。

②角色扮演。语言学习不能脱离情境而存在。将情境融入口语交际课程中,有利于激活口语课堂教学,提高口语教学效率。对于我国的学习者来说,英语是一门外来语言,因此在学习英语时缺少真实的情境。通过在课堂教学中创设真实的语言环境,引导和培养学习者英语思维和运用英语进行交际的能力。具体到口语交际课程中,学习者通过在模拟的情境中进行角色扮演,将自身的感悟以模拟的方式表达出来,能够加深他们对口语表达的认识。

③话题讨论。讨论的形式能够有效锻炼学习者的口语表达能力,因为在讨论的过程中要使对方接受自己的观点,必须运用恰当的句型、语

---

① 张蔚. 交际法与英语专业基础阶段的口语教学[J]. 外语教学,2001(02):91.

态等,才能使讨论最终达成一致。此外,学习者在对感兴趣的话题进行讨论时,往往发言积极踊跃。学习者以四至六个人围坐在一起的形式进行讨论,在轻松愉悦的讨论氛围中每个人都有发言的机会。

(2)口语思辨课程

"思辨能力"来源于英文 Critical Thinking Skills,许多学者将其译为"批判性思维能力",我国学者文秋芳则认为其是"高层次思维能力"。[①] 1990年,《德菲尔报告》中指出思辨能力的培养要从情感和认知两个方面入手,其是一种有目的地对自我调节的判断。保罗和埃尔德(Richard Paul & Linda Elder)认为思辨能力包括三个方面的内容:思维要素、标准和智力特征。黄源深曾在《思辨缺席》中指出,思辨的缺席对人的创造力、研究能力和解决问题的能力有着直接的影响。[②] 思辨能力影响着口语水平的提高。大学生思辨能力的培养已成为高等教育的重要目标。

我国大学英语口语教学的实际不容乐观。表现在教师方面,许多英语教师仍采用讲座式的教学方式,重理论轻实践,重模仿轻创新,学习者在课堂上没有足够的时间进行思考,也很少有思维训练的机会。表现在学习者方面,学习者受到应试教育的影响,过多地将学习重心放在考试成绩上,忽视平时的口语训练,导致在口语表达时逻辑混乱,观点不清晰,缺乏条理性,判断、推理等思辨能力较差。表现在教材方面,话题材料陈旧,一些关于推理或启发性的问题过于简单,不利于培养学习者的发散思维和认知技能。[③]

结合以上理论和我国的口语教学实际,在大学英语口语教学中开设口语思辨课程培养学习者的思辨能力具有重要的现实意义。

作为口语教学的主导者,教师应积极转变自身角色,创造性地运用多种教学形式和教学手段培养学习者的思辨能力。下面介绍几种主要的教学形式。

①设计具有挑战性的话题。教师在口语课堂中提出的话题除新颖且能够吸引学习者讨论兴趣外,还需要有一定的思维深度。学习者只有进行深层次的思考,才能充分调动起其大脑的思维活动和认知结构,如

---

① 文秋芳.论外语专业研究生高层次思维能力的培养[J].学位与研究生教育,2008(10):29-34.
② 黄源深.思辨缺席[J].外语与外语教学,1998(07):1.
③ 罗晶,沈兴涛,黄玮莹.以思辨能力为导向的第二课堂活动运行模式研究[J].东华理工大学学报(社会科学版),2015,34(04):372-376.

果只停留在对文字表面意思的理解和阐释上,思维就会停滞不前。苏格拉底提出的"助产术"为我国大学英语口语教学提供了重要的启示。教师在思辨课程中要遵循循序渐进、由浅入深的原则,逐渐培养学习者的思维转变能力。此外,口语话题的选择还应具有争议性,即每位学习者都有自己的见解,可以是社会问题,也可以是娱乐报道等,总之要能够启迪学习者思维,引发积极的思考。例如,"How would a human clone refer to the donor of its DNA?(从伦理角度看,人们该如何称呼DNA的捐献者?)"又如,"Is it right to clone a person in order to harvest organs or body parts?(为了得到某个身体的器官而克隆人是否是正确的?)"

②提供丰富的语言材料。学习者可接触到的语言输入材料越丰富,其进行的思维活动就越具有深度和宽度。众多教学实践证明,大量语言材料的获取可以帮助学习者积累更多的词汇和句型,从而更新知识库,表达出更深的思想,提高思辨和口语表达能力。此外,大量的语言输入材料还可以拓宽学习者的视野,增长见识、开阔思维。例如,在谈论关于克隆问题的话题时,教师可以向学习者展示大量与克隆问题相关的高级词汇或短语,如fraternal(异卵双生的)、genetic(基因的)、fertilize(使受精)、infertile(无生育能力的)、a genetic component等。

③组织辩论活动。辩论是逻辑发展的高级阶段,是培养辩证逻辑思维的重要方式和途径。在辩论活动中,学习者能够充分发展其逻辑推理、逻辑分析和综合的能力。以是否支持克隆的辩论活动为例,教师可以将持支持意见的学习者分为一组,持反对意见的学习者分为另一组,各小组成员分别作为小组代表发言陈述观点,并解答对方小组的疑问。教师在学习者辩论的过程中将两方的观点记录在黑板上,在辩论结束后做总结发言,并要求学习者以两方观点为依据写一篇完整的论文。

(3)口语演讲课程

培养学习者口语演讲的能力是适应现代社会对高素质人才的需要。演讲如今已成为人们社会生活、工作和学习的一部分,在产品发布、工作汇报、成果展示、会议发言、商务谈判、毕业论文展示时都需要良好的口头表达能力。演讲课具有悠久的历史和文化,其源头可追溯到古希腊时期。亚里士多德的《修辞学》和亚历山大大帝征服欧洲的进程对演讲课有着重要的推动作用。牛津大学、剑桥大学早在中世纪就已开设此课程,并受到了极大的欢迎。① 演讲课将语言操练和语境教学相结合,不仅能培养学习者日常英语会话的能力,还能锻炼其在重要场合从容不迫地表达思想、阐述观点的能力。因此,开设口语演讲课程具有重要的现实意义。

口语演讲课程突破了以往口语教学单纯语言训练的模式,对学习者的思维过程和语言输出过程给予严格的指导,训练其运用论据有效推理并准确组织观点的能力,在表达思想的同时有意识地与听众进行互动,增强语言的说服力和感染力。口语演讲课程的教学目标是培养学习者在真实语境中有效交际的能力,成为成功的交际者。它注重交际过程中能力的培养,除演讲技能,如收集论据、组织材料、整合语言等外,还涉及心理素质的培养,如临危不惧、快速判断、快速反应、自信心的建立等。具体有以下几种教学形式。

①语境教学。演讲课在相对真实的语境和具体的交际场合中运用语言表达观点、交流思想。语境可以分为生活场景、社交场景和工作场景。生活场景涉及消遣娱乐等活动,如参加生日聚会、晚宴、购物等。社交场景包括在礼仪场合的讲话等,如欢迎会、致谢词、获奖感言等。工作场景则主要是信息介绍型和说服型的交际活动,如工作汇报、产品发布、产品促销、项目报告等。演讲课培养学习者在不同语境中的交际能力和适应能力。②

②实践教学。实践教学指的是学习者在真实的演讲中锻炼口语表达能力。Toastmasters club 是国外一个专门练习在公众场合演讲的组织,它在许多国家都设有俱乐部,并定期召开。成员以小组为单位,轮流进行演讲,成员分别扮演着演讲者、反馈者、协调者等不同的角色。在口语演讲课程中,教师可以参考 Toastmasters club 的做法,为学习者创造练习演讲的机会,在做中练,在练中学。

---

① 王彤. 英语专业口语教学新课型——公众演讲课的探索与实践[J]. 外语界,2001(03):47.

② 岳鹏. 面向学生思辨能力培养的大学英语课堂设计研究[J]. 兰州石化职业技术学院学报,2013,13(04):65-67.

第三节 跨文化交际理论背景下的高校英语读写译教学

一、跨文化交际理论背景下的高校英语阅读教学

(一)阅读概述

在学生学习英语时,阅读是必须要掌握的一项技能,也是对学生英语水平进行衡量的一项重要指标。通过阅读,学生可以获得丰富的信息,拥有丰富的体验,感受语言带给自己的文化魅力。但是,阅读并不是简单地接收信息的过程,还是一种复杂的交际与思维活动,其不仅受到语言能力的影响,还会受到文化因素的影响。因此,在阅读教学中,只有重视对文化内容的教授,并将跨文化内容融入英语阅读实践中,才能真正地提升学生的阅读理解与应用能力。阅读要遵循一些基本的模式,具体包含如下几种。

1. 自下而上模式

自下而上模式起源于19世纪中期,是一种较为传统的阅读模式。所谓自下而上,即从低级的单位向高级的单位加工的过程,低级的单位即基本的字母单位,高级的单位如词、句、语义等,从对文字符号的书写转向对意义的理解的过程。也就是说,自下而上的阅读模式是从对字母的理解转向对文本意义的理解。显然,这一过程是有层次、有组织的。因此,读者要想对语篇有所理解,就必须从基本的字母入手,理解某个词的意思,进而理解句子、语篇的意义。

2. 自上而下模式

自上而下的模式与自下而上的模式正好是相反的,产生于20世纪

60年代，是读者基于自己的知识结构，通过预测、检验等手段对阅读材料进行加工理解的过程。自上而下的阅读模式是以读者为中心，侧重于读者自身的背景知识、自身的兴趣对阅读产生的影响。

著名学者古德曼（Goodman）指出，阅读可以被视作一种猜字游戏，读者运用自身固有的知识结构，减少对字母等的约束和依赖。在阅读中，读者需要对语篇结构进行预测，并从自身的知识出发理解语篇。

3. 交互作用模式

交互作用模式起源于20世纪80年代，这一模式是运用各个层面的信息来建构文本。但是，交互作用模式是一种双向的模式。交互作用模式是将上述两种模式融合在一起，涉及两个层面的内容。

第一，读者与语篇之间的相互作用。

第二，较高层次技能与较低层次技能之间的相互作用。

就文本理解而言，自上而下的模式相对来说比较重要；对词汇、语法结构而言，自下而上的模式相对来说比较重要。如果将两种模式的精华提取出来并加以综合，就成了交互作用模式，这一模式便于对语篇的整体理解。可见，这一模式是最为实用的模式。

（二）跨文化交际理论背景下高校英语阅读教学的优化方法

在高校英语阅读教学过程中，教师应当结合高校英语教学的特点，基于教材知识内容，适当向学生渗透传统文化教育，使学生在熟练掌握教材知识的基础上，还能够接受传统文化教育，优化自身的学习思维。另外，传统文化教育在高校英语阅读课堂上的渗透，能够使学生更好地感知我国优秀历史文化的魅力，能够使他们在进一步的学习与发展中对传统文化产生强烈的兴趣，从而提升自身自主学习的欲望。

1. 创设传统文化教学情境，提升学生阅读理解能力

基于高校英语教学的基本目标，教师可以在阅读教学过程中合理渗透情境化教学，根据文章的核心内容，选择一些直观、形象的知识内容，结合阅读的主旨进行情境创设，引导学生借助简单的知识，进行合理迁移与应用，从而实现阅读效率的提升。教师需要提前审视文章的基本内容，寻找教材内容中学生需要理解的关键部分，通过合理转化，引导学生

感受相同知识的不同理解方法,并积极地抛出问题,供学生进行自主考察与分析,从而在课堂上针对性听讲,辅助学生理解本章节的重难点内容,有效引导学生开展针对性学习与巩固。

2. 基于传统文化教育模块,突出传统文化教育意义

由于英语知识难度不断提升,学生在阅读学习中遇到的问题与困难也会逐渐增多。在大学阶段,教师应该有意识地培养学生良好的阅读习惯,不断提升学生的阅读能力。传统文化教育模块的构建,既能够优化课堂教学的传统模式,又能够为学生带来全新的阅读方法,极大地促进了英语阅读理解教学效率的提高。

3. 合理运用探究式教学法,有效渗透传统文化内涵

高校英语教材中的知识本就比较复杂,相对其他学科来讲,知识更加抽象化,学生更不容易理解与掌握。探究式教学法在高校英语阅读教学中的应用,能够不断提升学生的自主学习能力。教师应该积极转变传统的教学思维,不能只是在课堂上带领学生进行相关知识点的学习。当前,教师应该全面地把高校英语阅读教学的目标及教材中的重点知识内容整理罗列出来,供学生进行自主学习,可以先让学生通过自主学习与小组间合作进行预习与探讨,然后再进行相关知识点的讲解。同时,在实际的教学过程中,教师也不应单纯引导学生学习教材的基础知识,而应该根据传统文化教育的实际目标,有效对学生开展传统文化教育,促使学生更好地感知传统文化在高校英语阅读教学中的实际作用。在开展具体教学时,教师可以为学生构建传统文化交流模块内容,使学生对我国传统的文化产生更加深刻的理解与认知,促使学生能够通过观看视频,了解传统文化的基本来源与内涵,从而更好地落实新时代的基本教学目标。

4. 树立弘扬传统文化思想,优化传统文化教育观念

近年来,随着我国素质教育理念的不断推行,传统文化教育已经成为各个教育阶段的重要组成模块,英语作为重要的学科之一,教师也应当树立正确的传统文化思想,努力优化传统教育观念,能够根据高校英语教学的特点,有效选择传统文化内容,向学生更好地展示我国传统文

化的魅力与内涵。同时，教师也应当正确选择相应的载体，不应平铺直叙地向学生开展传统文化教育，应当结合教材的具体知识，适当对传统文化进行引入。这样一来，学生便会以更高的积极性投入传统文化知识学习当中，能够更好地落实素质教育的要求。

5. 渗透传统文化内涵，激发学生学习英语的兴趣

在高校英语教学过程中，教师应当有意识根据英语学科的教学特点，不断提升学生的学习兴趣，还应该根据学生的基本认知特点，有效渗透传统文化的内涵。

6. 借助现代教育技术，有效开展传统文化教育

近年来，随着我国科学技术的飞速发展，现代教育技术已经成为各个教育阶段较为热门的教育手段，教师在现阶段的教学过程中，应当结合高校英语教学的特点，适当选择现代教育技术，为学生创设新奇、生动的情境，使学生能够更加真切地感受教材中的知识内容。同时，教师也应当积极借助现代教育技术，有效开展传统文化教育，使学生能够感受到传统文化的魅力与内涵。

二、跨文化交际理论背景下的高校英语写作教学

(一)写作教学概述

1. 写作教学的现状

(1)教师对教材内容的挖掘深度不够

文化的传播离不开语言的支持。实际上，高校英语教师受以往教学观念的影响，在教授课堂知识时，往往更注重对教材内容中语法、单词等内容的解析，对学生提出的学习要求也只是能够熟练背记单词、运用语法，对教材内容的挖掘浮于表面，导致学生虽然在考试时对英语做题技巧能够熟练使用，但由于他们对传统文化的了解知之甚少，将英语运用到实际写作中时难免受到极大的认知局限。因此，英语教师对教材内容

第三章　跨文化交际理论背景下高校英语教学内容的构建

的挖掘深度不够成为当前写作教学中渗透传统优秀文化的首要问题。

（2）教师对写作题材的制订缺乏深度

在高校英语教学中，教师在带领学生开展写作活动时，受应试教育的影响，在制订写作题材时，往往习惯于参考历年来的写作类型、写作内容、写作要求等。在写作教材中，涉及传统优秀文化的内容较少，即便涉及传统文化知识，教师也会因为自身对传统文化传播理念的认识不足，导致其在开展写作专项练习课程时，也只注重带领学生分析讲解试题内容、出题意图，而不会花费大量篇幅向学生渗透优秀传统文化。同时，教师会将写作题材当作学生日常练习写作的参考依据，这就导致教师对写作题材的制订缺少创新，缺乏真正的思想深度，这在一定程度上制约了学生对传统文化的深入认识。

（3）学生对英语课程的认识不够全面

高校学生对新事物的认识程度影响着他们的思想观念。在传统教学理念下，由于教师对教学目标的制订局限于学生的考试成绩，导致学生对英语科目的学习也止于考过四六级，而没有真正体验到语言背后的文化魅力。当学生在日常学习中只关注如何提升英语成绩时，便不愿花费大量的时间去了解同考试无关的文化信息，这就导致其文化知识的获取渠道更加单一，且学生又缺乏对英语课程的正确认识，久而久之，学生便会失去对英语科目的学习兴趣，最终阻碍了优秀传统文化在英语写作课堂中的有效渗透。

2. 高校英语写作教学中渗透文化因素的意义

（1）弘扬我国的优秀传统文化

我国的传统文化历经几千年的历史积淀，在不断"取其精华、去其糟粕"的过程中逐渐形成了独具中国特色的民族文化，对培养人们的良好品格具有重要的引导作用。随着经济全球化的快速发展，外来文化的大量涌入对我国青少年的思想产生了不小的冲击，尤其是大学生正处于思想迅速变化的阶段，倘若教师在教学过程中对学生缺乏正确引导，极易让学生进入思想认识误区，不利于学生的未来发展。基于此，英语教师将优秀传统文化适时渗透到写作教学中，一方面能丰富学生的写作素材，拓宽学生的写作思维；另一方面则对学生的思想有良好的熏陶，有利于进一步弘扬我国的优秀传统文化。

(2)提升学生的道德文化素养

我国优秀的传统文化是民族精神的根基,对学生思想品格的形成有良好的熏陶作用。教师在英语写作教学中,要合理渗透优秀传统文化,如在教材中大量讲解西方文化的内容时,可以适时引入我国的传统文化内容与之对比,能够让学生在中西方文化差异中对我国的传统文化产生更清晰的认识,同时教师要有意识地引导学生对渗透内容进行探究,使学生在学习中充分受到优秀文化的熏陶。

(3)丰富英语课堂文化层次

不论在哪个学习阶段,学生对课堂教学活动的兴趣都是保证学生学习质量、提升教学效率的前提。当前,学生精力旺盛,思想处于变动时期,教师将优秀传统文化渗透到英语写作教学活动中,一方面要充分借助优秀传统文化经典性、故事性的特点,增加课堂教学内容的趣味性,以此吸引学生的注意力,增加学生的写作素材储备,使学生逐渐产生对英语写作的兴趣;另一方面要丰富写作课堂教学内容,教师在讲解西方语言文化的同时,融入我国优秀传统文化,如在讲解西方节日时,对比引入我国的传统节日,进一步丰富学生的文化认知,提升英语写作课堂的文化层次。

(二)跨文化交际理论背景下高校英语写作教学的优化方法

1. 转变教学思想,提高教师的传统文化素养

在高校英语科目教学中,教师习惯于根据英语教材内容展开课堂活动,基于英语语言文化背景开展的写作活动,极易让学生进入学习认知误区,认为学习英语只是为了了解英语国家的文化,而没有认识到英语作为一种语言,能提高自身的跨文化交流能力。因此,英语教师要从转变自身教学思想开始,向学生传达学习英语的真正意义,积极挖掘优秀传统文化中具有代表性和教育意义的内容,一方面提升自身的优秀文化素养,丰富自身的传统文化知识储备;另一方面则将其有效渗透到写作教学中,对教材内容进行深入挖掘,通过向学生阐述中西方文化的差异,让学生了解中外语言表达方式的不同,从深层了解传统文化的意义,以此调动学生的学习兴趣。

2. 开发教学内容，充实教材的传统文化内容

在高校英语教材中，介绍西方文化的内容占据很大部分，在传统英语写作教学中，教师为了赶进度，会选择"就事论事"，对教材内容中的单词、语法展开分析讲解，缺少对教材内容中隐藏的传统文化的拓展，在一定程度上阻碍了优秀传统文化在英语写作教学中的渗透。基于此，教师在开展英语写作教学时，可以对教材内容进行深入开发，对教材内容中隐藏的优秀传统文化进行进一步拓展，在充实课堂内容的同时，提升学生对传统文化的吸收。当然，在这一过程中，为了使渗透效果最大化，教师可以借助现代化教学设备，将互联网教学资源融入其中，在增强课堂趣味性的同时，拓宽学生对传统文化的认知范围，进一步充实教材的传统文化内容。

3. 增加课程实践，丰富学生的传统文化体验

在高校英语写作教学中，为了避免学生在写作时笔下无物，就要在日常教学过程中有计划地增加学生的课程实践活动，帮助学生加强对英语的口头表达能力，使学生在提升听、说能力的前提下，不断夯实英语写作基础，逐步提升英语写作能力。当然，在课程实践过程中，教师应有充足的时间和机会向学生渗透优秀传统文化。

第一，教师可以将英语写作教学内容从课内延伸到课外。英语作为一门语言，倘若缺乏练习的机会和表达的氛围，很难让学生在学习中形成固定的"语感"，不利于学生英语水平的提高。因此，教师可以在课外设计英语角，让学生在课外也能获得丰富的语言体验，促进学生对所学内容进行进一步巩固和掌握。当然，教师在设计英语角时，要充分考虑学生当前的认知水平，要结合对传统文化的渗透理念。比如，教师可以引导学生围绕我国的传统节日或者我国的传统美食等内容去准备资料，鼓励学生通过借阅图书馆相关书籍或者查阅网络相关内容等方式搜集具有生活气息的内容，使其既能贴近生活，加深学生对优秀传统文化的理解，还能吸引学生的关注度，使学生熟练掌握英语的表达技巧。

第二，教师可以将英语写作教学内容从校内延伸到校外。比如，教师可以在征得校方同意的前提下组织学生去文化博物馆参观，在这一过

程中,教师可以用英语向学生介绍有关我国优秀传统文化的内容,也可以引导学生自主表达,以此锻炼学生的口语表达能力,加深学生对参观内容的印象。待活动结束后,教师可以安排学生就这次参观活动进行写作训练,引导学生用英文写出自己参观博物馆后的感受和博物馆相关文物背后的历史故事,进一步提升学生对优秀传统文化的理解,提高学生的英文表达水平。

4. 拓展阅读范围,促进学生的传统文化写作

在高校英语写作教学中渗透优秀传统文化,一方面能丰富学生的英文写作素材,另一方面能提升学生的文字表达能力。但要注意的是,教师进行文化渗透,不仅可以在课堂教学过程中进行,还可以通过拓展学生的阅读范围,进一步提高学生的传统文化写作能力。当然,教师在鼓励学生进行课外阅读时,可以帮助学生筛选一些符合学生当前学习特点的、含有优秀传统文化内容的英文书籍。①

另外,教师还可以鼓励学生在课外看一些英文版的介绍我国传统文化的报刊资料,如《中国日报》《北京周报》等,或者可以鼓励学生在课后观看介绍中华优秀传统文化的节目,如《朗读者》《中国诗词大会》等,让学生在观看过程中对我国的优秀传统文化获得更深入的了解,使学生在优秀传统文化的感染下,逐渐生出对民族文化的认同感和自豪感,通过扩大学生的阅读范围,进一步丰富学生的英文写作内容,提升学生的英文写作深度。

5. 巧设写作题材,加强学生的传统文化训练

对学生而言,学习英语的目的不仅是在英语考试中取得高分,还为了在未来的学习中能够有效进行中外文化交流,使这门语言真正发挥其价值。当然,对高校英语教师来说,在课程标准的不断落实下,提升学生的英语核心素养成为新的教学目标,"教书"和"育人"要双管齐下,方能促进学生全方位发展。可以说,在高校英语写作教学中渗透优秀传统文化,既是时代发展的必然要求,又是教师"教书育人"的任务使然。因此,

---

① 宣银. 新媒体时代提升大学生文化素养的措施探究[J]. 文化创新比较研究,2020,4(21):116-118.

教师在英语写作教学中要勇于打破传统,在借鉴历年来写作题材类型的同时,对传统文化进行创新渗透,如可以制订以下题目:"假如你是李明,你的英国网友 Jenny 想要了解中国春节的相关内容,请你根据自己的理解给对方写一封回信。"让学生在写作中加强对优秀传统文化的认识,训练英语写作能力。

综上所述,高校学生良好思想品格的形成离不开教师的悉心引导,因此高校英语教师可以通过转变教学思想,提高自身的传统文化素养,开发教学内容,充实教材的传统文化内容,增加课程实践,丰富学生的传统文化体验,拓展阅读范围,促进学生的传统文化写作,巧设写作题材,加强对学生的传统文化认知训练等方式,将优秀的传统文化如春风化雨般渗透到每堂写作课程中,在充实学生写作储备素材库的同时,让学生对我国优秀的传统文化产生更深入的理解和认识,让学生在优秀传统文化的引导下逐步建立起健全良好的人格,并最终成长为全方位发展的有用人才。

三、跨文化交际理论背景下的高校英语翻译教学

(一)翻译概述

1. 翻译的界定

任何一种翻译活动,不论是内容方面(政治、社会、科技、艺术等)还是形式方面(口译、笔译、同声传译)都具有鲜明的符号转换和文化传播的属性。作为文化和语言的转换活动,翻译的目的是沟通思想、交换信息,进而实现人类文明成果的共享。没有翻译作为媒介,文化、传统、科技的推广就无从谈起,所以翻译是人类社会共同进步的加速器。

从文化的角度来说,文化具有动态的特点,由于经济的发展、科技的进步,文化也随之发生改变。例如,互联网和电子媒体技术的发展,带来了网络文化的繁荣,才有了今天各式各样的网络语言和网络文化的产生。对于翻译活动的参与者而言,随时掌握文化的动态,既要了解世界文化,又要及时跟进掌握母语文化是从事这一行业的基本要求。所以,所有翻译从业人员应该对政治、科技、经济、社会和时事等保持足够的兴

趣，随时了解最新信息，才能在翻译实践中做到游刃有余。

翻译的标准有很多，但基本的共识是要达到"信、达、雅"这三个标准。"信"即对原文的忠实，翻译是不可以随意发挥和篡改原作者的语义和情感的。"达"是指翻译的内容要使读者或听者充分准确地理解，令人迷惑不解的译文是不合格的。"雅"是指语言的优美，能让人产生美感。当然"雅"应该是建立在"信"和"达"的基础之上的，没有对原文含义的"信"和表达的通顺，"雅"就没有任何意义了。

翻译中的口译具有即时性的特点，译者往往没有充足的时间做准备，要根据现场情况及时、准确地理解和传达，因此译者需具有更加强大的心理素质和更加广博的知识存储。另外，也有一些对译员的心理和生理条件的要求，如比较胆怯的性格特点，或者有先天性语病的（口吃、发音障碍等）就不适合担当口译工作。笔译的从业者则要从不同的方面来考虑。

笔译要求翻译内容更加准确和优美，为此，译员应该做好充分的准备，包括对原文作者的了解，对材料背景和相关专业知识的学习和准备。只有做足了功课，才能确保对原文语义的精确理解。表达是笔译的第二步，当然表达的准确程度依赖对原文的理解程度。最后还要对翻译的内容进行校对，确保没有笔误，不遗失信息。

翻译的方法可以简单分成意译和直译。意译指的是译者只忠实于原文的语义，而不拘泥于原文的表现形式。因为中外文化的巨大差异，很多词语和表达法在另一种语言中完全不存在或部分存在，这就要求译者对原文语义有更加全局性的把握，从而在不改变基本语义的情况下对表达方式做出适当的调整。而直译法则既能保持原文的语义又能保持原文的形式，包括原文的修辞手段和基本结构，从而既表达了语义，又保留了一定的原汁原味儿的异国情调。在具体翻译实践中，不能僵硬地保持意译或直译的风格，采用哪种方式一定要视情况而定，这取决于原文的特点。在绝大多数情况下，需要两种翻译方式的结合，才能创作出理想的译文。

最后说一下译者基本素质的修炼。首先，当然是译者要有较高的外语水平，只有这样才能从理解和表达的角度做到准确无误。其次，译者还要有扎实的汉语基础，这和要有雄厚的外语基础是同样的道理。除此以外，译者还应该具有广博的知识储备、丰富的翻译经验和认真的工作态度。只有具备了上述条件，才能成为一名优秀的翻译工作者。

第三章 跨文化交际理论背景下高校英语教学内容的构建

2. 翻译技巧

(1)长定语的翻译

英语的长定语包括从句、独立结构等,较之汉语的定语有位置、使用方式、使用频率方面的不同,所以长定语的翻译一直是我们英语学习中的难点。我们学习外语,不可避免地会以母语作为参照,因此外语学习的过程就是摆脱母语干扰的过程。在翻译比较复杂的语言文字时,大脑需在两个语言频道间频繁转换,由于对母语本就自然依赖,此时大脑更容易受母语影响,而长定语翻译的困难之处正在于此。

在翻译实践中,根据原句的特点和句子长短,可尝试运用两种翻译技巧。

①原句较短,可译成标准的汉语定语句式。例如:

Besides coffee industry, there are many other fields in which Uganda and China can cooperate.

除咖啡产业外,乌中之间在很多其他领域都可开展合作。

②原句较长,可将定语从句拆开单译。例如:

After years of economic reform, this country has achieved macroeconomic stability characterized by low inflation, stable exchange rates and consistently high economic growth.

经过数年经济改革,这个国家实现了宏观经济的稳定,其特点为低通胀、汇率稳定和持续高速的经济增长。

因为在即时口译翻译中,时间有限,若译成较长的句子,容易产生口误或错误,导致听者理解困难。汉译英时更要注意长定语的翻译,毕竟我们英语的使用不如汉语熟练,在长句翻译中稍有语法错误就会影响翻译质量。英文母语使用者第一追求是意思的清晰明了,而不是句式和用词的复杂华丽。

(2)无主句的翻译

无主句是汉语使用中常出现的情况。例如:

医院将提升学术水平作为重中之重,实施科研精品战略,以立足长远、收缩战线、调整布局、突出重点、加强协作、结合医疗为方针,加强学科建设、重点实验室和科研队伍建设,先后培养出5个国家重点学科,18个省重点学科,8个卫生部重点实验室,为获取重大科研课题和重大科研成果奠定了基础。

在这样一个长句中只有开头一个主语。翻译中如果也这样设计句子结构,就会产生非常混乱的感觉。建议具体翻译方案如下。

添加主语:The hospital prioritizes the upgrading of academic capacity and establishment of key disciplines. It practices the "Strategy of Premium Research". It holds on to the Long-term based, concentrated, restructured and concerted guideline which combines with medical service.

被动语态:Key disciplines and key labs is emphasized in the process which resulted in the establishment of 5 national level disciplines, 18 provincial ones and 8 labs of ministerial importance.

在书面和非常正式的场合可用从句:That premium research is practiced as a strategy, that the guideline of long-term, concentrated, prioritized development are emphasized.

(3)替代词的使用

在我们阅读翻译作品时,常常感觉文字表述不顺,很重要的一个原因是英文替代词的使用要远多于汉语,其中包括代词、名词、助动词、系动词等。此时,我们应该注意依照目标语言的使用习惯进行转译。例如:

沈阳是个以制造业为经济基础的城市,……,沈阳还是个有着上千年历史的古城。

Shenyang is a manufacturing based industrial city…, it is also a thousand years old ancient city.

I prefer cars made in Germany to those made in Japan.

译文:相比日本汽车,我更喜欢德国车。

另一种替代是用可表示其特点的名词替代。例如:

Both China and the United States are great countries in the world and their partnership will be contributive to world peace and development. The greatest development country and the greatest developing country will certainly play leverage in world affairs.

中美两个大国及其伙伴关系会对世界和平和发展作出巨大贡献,两国在世界事务中将起到举足轻重的作用。

注:英文表述中分别用表示各自特点的名词 the greatest developed country 和 the greatest developing country 替代各自的名称。这样的情况

在英文中比比皆是。例如,提及中国时可用 the fastest growing economy, the most populous country in the world, the ancient oriental civilization 等;提到美国时可用 the most advance economy, the only superpower 等。

(4)三段式翻译

中文表述中常出现多谓语情况。例如:

大连地处辽东半岛南端,风光美丽宜人,是东北乃至东北亚地区重要的海港城市。

这种情况下,建议将次要谓语译为独立结构,另两个谓语译为双谓语句子。翻译如下。

Situated on the south tip of Liaodong Peninsula, Dalian is a city of pleasantry and a harbor city of regional importance in Northeast China, even in Northeast Asia.

(5)插入语

英文会使用很多插入语,跟汉语相比这是较为独特的现象,在翻译中应该注意句子成分位置的变化,以达到更加地道的语言表达效果。例如:

Another impediment to archeological research, <u>one of worldwide concerns</u>, was the increasing resistance to excavation of the remains of indigenous inhabitants.

<u>令世界关注的</u>另一个对考古研究的阻碍是人们对当地居民遗产的发掘的抵制。

Zookeepers know, <u>to their despair</u>, that many species of animals will not bread with just any other animal of their species.

<u>令他们失望的是</u>,动物饲养员知道很多动物并不随意与同类交配。

(6)句子成分转换

一些经验不足的译者往往进行字对字的翻译,经常费力不讨好,且译出的语言文字显得不伦不类,有时甚至令人费解。实际上翻译是一个思想传递的过程,而非一味追求语言的绝对忠实。例如:

装备制造业是国家工业化、现代化的标志,也是国民经济的基础,是一个国家竞争力的体现。

Capacity of Equipment manufacturing indicates industrialization and modernization, underlies national economy and backs up national competitiveness.

上例中,将原文的宾语译成了谓语。

(7)填词、省略法

在翻译过程中,原则上不能随意加词,但为更好地表达,以便读者或听者更好地理解,翻译时也可添加词,前提是虽原文中未提及,但明显隐含其意。例如:

Without your help, my trip to China wouldn't have been such a pleasant one.

如果没有你的帮助,我的中国之行不会如此愉快。

有添,就有略,二者都是由文化差异、语言习惯造成的。如果不进行必要的处理,自然无法达到最佳翻译效果。例如:

会议讨论了环保问题。

Meeting discussed environmental protection.

上例中省略了"问题"。

(二)跨文化交际理论背景下高校英语翻译教学的优化方法

1. 注重文化对比分析

语言的语义和语境会因为地区的历史文化不同、地域文化差别而发生变化,如果对相关的文化背景不了解,在理解单词或者语段含义上就容易出现错误。历史文化是民族或者国家经历长期的历史发展而形成的,民族和国家的发展经历不同,文明境遇存在差异,这也会导致语言背后积累的文化存在差异。例如,在歌曲 *Viva La Vida* 中,One minute I held the key 一句中的 key 一般是指"钥匙",而词组 hold the key 有"掌握关键"的含义,结合歌曲的创作目的是描述和展现法国国王路易十六的一生,这句歌词通常被翻译为"我曾经手握大权",但考虑到历史上的路易十六本身是一名喜欢将制作锁具当作爱好的国君,此处的 key 显然就是指"钥匙"这一本意,是对路易十六爱好的描述,而非对"政权"或者"权柄"的暗喻。这种翻译的失误就是因为历史文化的差异,让翻译者对词句的理解出错,最终出现了翻译错误。不同的国家与民族都有自己的特殊历史环境,这些特殊历史环境又催生了独具特色的文化现象和历史典故,如果不能正确理解这些典故,那么翻译就无法诠释语言背后的历史含义,甚至可能造成对词义本身的错误理解。

另一种地域文化是基于地域环境和自然条件所形成的文化见解,因

第三章 跨文化交际理论背景下高校英语教学内容的构建

为生活环境和经历的自然生态差异,即使在相同事物上,各民族或者国家的群众也会有不同的见解,这种见解上的差异便是由地域文化造成的文化差异。例如,我国一般将"东风"理解为"春日之风",在中文语境下"东风"一般象征着万物的复苏和生机的焕发,如"江南二月春,东风转绿苹""东风驱冻去,万品破阳辉",这些诗句中的东风象征着新生。而在英国等英语国家,由于地域和气候环境的不同,在这些国家的语境中"东风"一般指代冰冷的风,在作品中象征着肃杀和凄凉,如狄更斯的作品就写过"How many winter days have I seen him standing blue-nosed in the snow and east wind."此处的 east wind 显然并非和中文语境中一样,象征希望和新生,而是对冬日凄冷环境的描绘和映衬。不同的历史和地域文化造成了不同语言的文化差异,在英语翻译中,译者必须理解和重视这种差异,才能准确传达出语句的含义,完成文化上的交流。

在跨文化交际背景下,英语翻译存在一些主要问题,如下所述。

(1)语用失误

语用失误是指翻译时忽略了两种语言的表达习惯或功能差异而造成的失误。具体表现在两方面:一是要去掉或精简原文中的信息。例如,在描述某支纪律严明、协调性高的队伍时,中文一般会用"阵容整齐的团队"来描述,但如果翻译成 array of the team,那么原句中对团队的赞美和形容就无法体现,表现不出整齐雄伟的意境,因此可以翻译为 a team with a neat lineup,来完成对团队的修饰,体现团队的纪律性。二是没有对素材中独有文化现象进行专门的翻译。语言交流中蕴含诸多历史元素,关系到很多地名、人名以及历史事件。在进行翻译之后,部分在某一国家或者民族中家喻户晓的历史事件对于外国人而言存在很大程度上的理解困难。例如,"八项条件"一词在中文中特指"国共和谈八项条件"这一历史事件的特指,但如果直接翻译成 eight terms,那么受者只能从字面含义粗浅理解为"八个条件",使其理解出现偏差,所以学生在翻译实践过程中必须充分考虑到历史事件的影响,避免将其单纯地按照字词理解来翻译,要结合语言涉及的历史背景和文化背景进行针对性的语言转化,才能保证语义的准确传达。

(2)语言失误

语言失误一般来说归结于文化性翻译偏差,属于译文中违背语言规范的问题。对于这一问题来说,首先是语言表达方式存在错误,如长江的翻译 Yangtze River,如果前面使用冠词,并不明确是使用 a 还是 the,

因此常常出现冠词使用不统一的情况。其次是拼写以及语法出现漏洞，由于中英文的语用习惯和语言逻辑不同，很多在中文语境下成立的语言在英语中却容易出现拼写及语法偏差。例如，"吃饭了吗？"这句话作为问句在中文语境中不需要给出主语就能让被问者明白其询问对象，但是在英语中，询问对方是否吃饭必须要有明确的指代对象，因此该句要翻译成"Have you had dinner?"如果没有 you，那么这句话就属于语法翻译错误。因为文化背景和思维逻辑的不同，学生在翻译实践中要站在翻译语种的角度考虑，如果不注重翻译语种的用语逻辑，就会导致语序不通。再如，如果将"军人使用过的手枪"翻译为 Soldier pistol used 则明显存在错误，原文实际属于短语，手枪属于核心词，同时手枪属于可数名词，往往无法独立使用，需要在之前加 a 或 the，准确的翻译是 the pistol used by the Soldier，这样的用词才算合理，若学生没有深入准确了解英文公示语的特征，在翻译过程中很容易存在用词不合理的问题。

（3）文化失误

中西方发展历史的不同造成了人文思维以及思想方式的不同，若学生无法清楚了解这一问题，在进行翻译时必然会导致很多文化偏差。文化翻译失误属于功能性翻译失误，是学生必须克服的问题。例如，关于农民起义的翻译，有人会将农民翻译成 peasant，但 peasant 这个词具有阶级属性，代表了一种社会阶级，更加强调人的出身及等级。对于英文的日常用语而言，这样的翻译表现出一定的歧义，是一种缺少礼貌或教养的说法。"起义"在中文语境中本身是对农民反抗行为的肯定，尤其在我国的革命文化中，农民阶级属于红色文化的重要组成部分，属于无产阶级的核心力量，对我国革命最终取得胜利意义重大，具有非常强烈的褒义色彩。因此，上文中选择 peasant 一词就与中国文化背景中对农民起义的情感认同出现严重偏差，导致情感上的重大失误，很容易对受者带来错误引导，让受者误以为在中文语境下对农民起义行为的态度偏中立甚至贬义。

针对这些问题，高校英语教师应该努力培养学生跨文化交际能力，具体来说，可以采用如下几个策略。

（1）文化比较和剖析

跨文化交际能力的培养是为了在全球化背景下帮助学生更好地进行文化交流和输出，教师可以借助工作之便与其他学科的教职工进行跨学科合作，如和历史、音乐等学科专业的教师沟通交流，了解在中国历史

第三章 跨文化交际理论背景下高校英语教学内容的构建

和文化事业的发展中有哪些本土文化辐射国外,并影响到国外人文形态的例子,并将其引入课程。例如,在教学 Bill Gates in His boyhood 一课时,教师除围绕 Bill Gates 的童年经历向学生进行讲述和讲解外,也可以适当加入一些我国近当代史上知名度较高的名人故事,让学生在解读国外名人传记的同时,也能了解到中国近当代人物的著名事迹,并通过对比国外名人和国内名人的成长差异及最终成就,挖掘出东西方文化的观念差异所在。同时,教师可以挑选一些典型的案例,如"天堂寨风景区",国内翻译成 Tian Tang Zhai 或者 Tian Tang Zhai Scenic Fort,并未按照词汇逐句翻译成 Heaven Village,这样做是为了有效规避东西方宗教文化的差异,从而防止外国人觉得景点属于带有宗教性质的地方。又如中国龙,在英语中翻译成 loong,而非 dragon,这是因为在西方奇幻文化和中国奇幻文化中,"龙"的象征意义不同,中国龙在中国神话中一般指代神灵和各种祥瑞,代表了美好的意蕴,而西方神话中,龙是强大、邪恶的生物,其本身的生物性也要大于神性,因此另创词汇有助于受者区分。

(2)文化输出方式的授予

在传统教学中,教师大多关注如何引导学生在英语环境下使用英语语种开展信息交流和分享行为,但是随着新时期我国对文化事业的建设力度加强,对提升国家软实力的要求增高,在打造文化自信的教育大背景下,英语被赋予了更多的意义,教师的教学内容也要做出相应的改变。文化输出是扩大文化影响力的关键,要让中国的本土文化扩散到国外,扩散到全世界,让全球民众走近中国文化,认识中国文化,这就需要利用好英语这一国际语言,将其转变为输出中国本土文化的载体,通过英语交流,将中国的特色文化传播到世界各地,让中国的国际地位和影响力更上一层楼。鉴于此,教师在高校英语课堂中就不能只关注培育学生的英语思维,更要关注帮助学生掌握应用英语进行文化输出的技巧和方法。语言作为文化交流工具,其应用形态的差异决定了文化传递的差异,学生在学习英语的过程中,要结合英语和汉语的区别,重点把握英语的特点,了解英语对各种文化概念的阐述和解读方式,然后通过合理的语言思维转换,正确将中国文化以英语形式展现出来,为自身的文化输出践行做好铺垫。教师可以为学生布置相应的作业,如安排学生尝试用英语撰写中华五千年历史的简介,并对一些汉语的专用词汇,如"天命""法统""偏安"等进行仔细的思辨,用网络检索学术文献或者同学之间互相讨论的形式敲定汉语专用名词在英语语境下的替代方式,以此来锤炼学生的多重文化语境转换能力,培育和加强学生借助英语输出本土文化的能力。教师还可以让学生就日常语境下的汉英用语加以对比,分析在汉语环境和英语环境中人们进行信息交流的趋同点和差异,从中抓住文化元素输出到不同文明体系时文化符号形态变化的关键点,让学生自己对如何借助英语输出本土文化,如何通过英语知识的丰富强化自身的文化输出能力积攒丰富的经验,强化大学生利用英语向国际输出本土文化的能力。

2. 掌握功能对等翻译策略

(1)词汇层面的翻译

严格来讲,英汉词汇之间并非对应关系。对于汉语特色文化词语在英文文本中的翻译,其在功能上的对等是指汉语意义可用不同的英语表达方式来体现。因为译者在翻译过程中的首要目标应是使原文和译文处于内容和信息对等的关系,而非追求原文和译文的同一语言表达形式。例如:

直到 1953 年 12 月,第一版《新华字典》才终于杀青付梓。

It was not until December 1953 that the first edition of *Xinhua Dictionary* was finally available.

成语"杀青付梓"意为"写定著作,完成作品且书稿雕版印刷",对于西方读者而言,对中国古代书籍的制作流程是较陌生的,若完全根据原意翻译未免过于啰唆生涩,所以在译文中,通过改变词汇形式进行处理,又根据英语表达习惯,对于流通的商品一般使用 available 表达,因而选择这一词语以实现原文和译文词汇层面上的对等。

总之,初学者得之,固以为得所依傍,实则未能解决问题,或仅在解决与不解决之间。

In a word, when beginners got it, they may take it for grounded that they can count on it, but in fact the problem still remains unsolved in their head, or only in-between.

根据功能对等论,译者不能苛求原文形式,所以句末的"或仅在解决与不解决之间"就没有必要死板地直译成 or just between resolving and not resolving,应灵活地进行改变,译成符合英语读者逻辑思维和表达习惯的译文,所以用 in-between 一词代替,避免词语的多次使用造成句子的冗杂和拖沓。

(2)句子层面的翻译

奈达认为,在必要时翻译不应过分强调与原文完全对等,而应在充分理解原文的基础上,根据目的语读者的逻辑思维关系,及时、恰当地改变原文的表达方式,使译文符合目标读者的逻辑思维和表达习惯。例如:

按理说,有这样一个专业的团队,凭借这样的敬业精神,编出一部高质量的字典指日可待,但事实却并非如此简单。

It's reasonable to say that with such a professional team and such dedication, the preparation of a high-quality dictionary was just around the corner, but the fact showed otherwise.

句中"但事实却并非如此简单",如按字面意思译为 but the truth was:it's not that simple 虽无错误,但根据句法对等原则,译者需明确句子中心及句子各层次之间的关系,进而能更加细微地厘清句子中所涉及的各种细节。在分析后便可知此句所表达的意思是要和"指日可待"形成对比,为更好地传递原文意思,译成 but the fact showed otherwise,不仅强调了原文目的,将 fact 作为主语后,句子也更显灵活生动,简明干练。

当送达终审者叶圣陶手中时,这位专家型的领导肯定"辞书社所编字典尚非敷衍之作,一义一例,均用心思,但还是感觉其普及性明显不够,唯不免偏于专家观点,以供一般人应用,或嫌其烦琐而不明快"。

When it was delivered to the final reviewer, Ye Shengtao, the expert leader affirmed that "The dictionary is not perfunctory, and each interpretation is specified, but still I feel that its popularity is obviously insufficient, only it is not biased to the expert's perspective, and suitable for the public, as well as not cumbersome yet crystal clear, it can be considered as a qualified one."

中文以意群划分句子,英文以结构划分句子。本句围绕字典的优劣进行阐述,单独成为一个分句,每个小句主语不停变化,从字典的普及性到专家再到普通民众,形容词也不停随之变化。根据"句法对等"的要求,目的语读者应该能像源语读者理解原文那样来理解译文。要实现这一点,就需在必要时改变原文形式和结构,确保译文在语法上、文体上无生硬表达,避免翻译腔。所以,在翻译每个小句时添加连接词,如 but, and,as well as,yet 以连接成句,使译文既实现句意的完整,又保证结构的连贯。同时,增译了 it can be considered as a qualified one,因前文中虽在提出"所编字典"的不足之处,但实际上也在传递一本合格字典应达到的要求,所以通过增译将原文更深层次的信息表达出来。

(3)语篇层面的翻译

在话语模式上,汉语表达偏含蓄委婉,注重铺垫,在语篇中主要采用断续分离和间接表达,更追求行文的节奏和韵律。① 但英语国家属于纵向思维模式,表达习惯思想开放,直接切入主题,语义关系一目了然。由于中西方文化的差异,便可在翻译过程中调整语序,使文章连贯一致,符合英语表达的特点。例如:

在"国语运动"推行 40 多年之后,以北京音为民族共同语,以白话文为书面表达文字,这些已经深入人心的成就第一次以字典的形式确认下来,并以更强大的影响力广为传播。

These achievements, after more than 40 years of the implementation of the National Language Movement, Beijing dialect was adopted as the national common language and vernacular Chinese as the written language, have been deeply rooted in people's hearts, confirmed in the form of a dictionary for the first time and widely spread with a much stronger and further influence.

语篇对等要求译者在翻译时注意整体结构,理解全文和各部分之间的联系,把握文章本意和细节,准确传递原文信息。这一部分属于全文总结部分,但这些句子所构成的语篇也为下文做了铺垫。由于英语中语义关系表达直截了当,更偏向于在表达时"先结果,后过程",据此,便在译文中改变语序,将 these achievements 前置,通过同位语对其加以解释和补充,再用 with 的复合结构作为伴随状语衔接后续内容,将原文意思准确表达的同时也更符合英语表达习惯。

由于编撰者特别注重了"广收活语言"和"适合大众",这部字典比较真实地反映了民间汉语言鲜活的状态,能够让广大民众携至街头巷尾、田间地头,实用且亲切。而在国民基础教育未能普及、文盲半文盲数量巨大的过去数十年里,一部《新华字典》无异于一所没有围墙的"学校"。它为这个民族整体文化素质的提升,作出了巨大贡献。

---

① 郭建中. 翻译文化因素中的异化与归化[J]. 上海外国语大学学报,1998(2):8.

Because the editors paid special attention to "the wide acceptance of vivid language" and "suitable for the public", so this dictionary can truly reflect the lively state of the folk Chinese language, as it can be carried by the general public to everywhere, and contained with practical kindness. In the past decades, when basic education was not widely popularized and the number of illiterate and semi-literate people was huge, a *Xinhua Dictionary* was no more than a school without walls, which has made great contributions to the improvement of the overall cultural quality of the nation.

功能对等首先注重的是对原意的完整传达,其次才是考虑译文与原文形式上的对等,即译文是否与原文的形式和顺序一致并非首要,而使译文能够准确地传达原文意思并且符合目标读者的表达习惯更为关键。在语篇结构上,英语注重语法结构,汉语注重语义表达。因此,在语篇翻译时,考虑到英语读者的阅读习惯,对部分篇章的结构和语序进行了调整,如将文中的最后两句话"而在国民教育……巨大贡献"进行合并后以更为流畅的行文结构进行陈述,同时,为达到英语表达的连贯性,用 as,with,which 等词引导小句以衔接上下文,以干练顺畅的语言进行翻译,体现英语表达的逻辑性和结构性。

第四章　跨文化交际理论背景下高校英语教学模式的创新

互联网技术的不断发展为高校英语跨文化交际教学工作提供了很多思路,要求高校英语教师掌握扎实的网络教学技术,并且能够和英语学科教学活动紧密结合,借助信息化的工作,调动学生的英语学习积极性和主动性,提升学生英语学习的效率,让互联网技术更好地为高校英语跨文化交际教学服务。本章主要分析跨文化交际理论背景下高校英语教学模式的创新。

第一节　跨文化交际理论背景下高校英语网络教学的实施

跨文化交际理论背景下高校英语网络教学在实施过程中可以采用以下几种创新模式。

一、慕课教学

（一）慕课教学的内涵

所谓慕课,英文是 MOOCs,是"大规模在线开放课程"的简称。从维基百科中我们可以查询到,慕课指的是由参与者进行发布的课程,并

第四章　跨文化交际理论背景下高校英语教学模式的创新

且材料也可以在网络上查询到。① 也就是说,慕课的课程是开放的课程,当然慕课的课程非常宏大。简单来说,慕课的课程具有分享性,无论学生处于世界任何一个角落,都可以进行学习与下载。与传统课程相比,慕课课程有图 4-1 所示的优势。

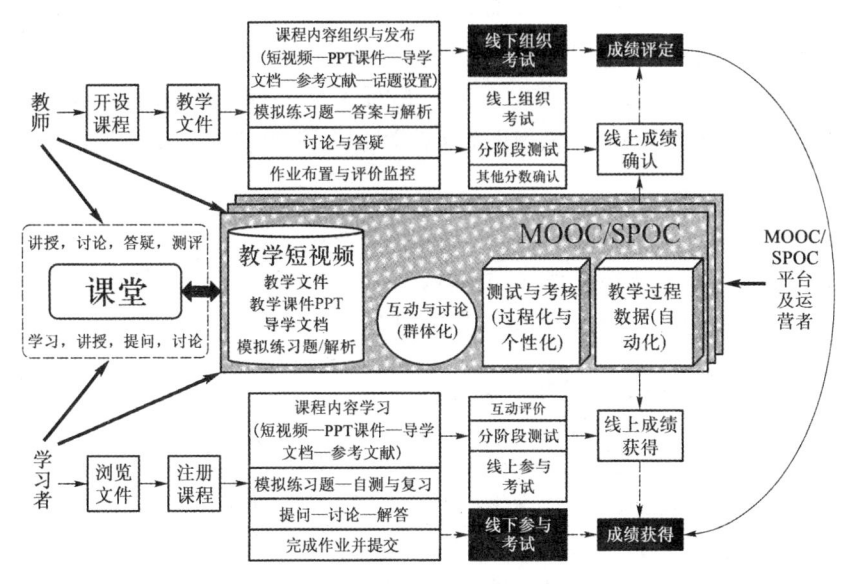

图 4-1　慕课教学与传统课堂的比较

(资料来源:战德臣等,2018)

慕课既然用 MOOCs 表示,其可以理解为如下四个层面。

M 是 Massive 的简称,指的是规模比较大。那么这个规模比较大具有两层含义:一是人数比较多,二是资源规模比较宏大。当然,这个"大规模"也是相对来说的。

O 是 Open 的简称,即慕课课程的开放性,学生可以根据自己的兴趣选择学习课程,如果他们想学习,他们就可以注册、下载学习。即便一些课程是由某些盈利公司开发的,他们也可以进行下载。

O 是 Online 的简称,即教与学的过程是通过网络实现的,如教师的线上教授、学生的线上学习、师生之间的讨论、学生作业的完成与提交、学生作业的批改等。

---

① 张义. 依托慕课理念的高校大学英语课程体系构建[J]. 开封教育学院学报,2017,37(08):79-82.

C 是 Courses 的简称,即课程包含主题提纲的讲授、内容的讲解、各种学习资料的上传、作业的布置、注意事项的提醒等。

慕课这门课程与传统的互联网远程课程、函授课程、辅导专线课程不同,也与网络视频公开课不同。从目前的慕课教学来说,所有的课程、教与学进程、师生之间的互动等都可以在网络上实现,具有完整性与系统性。

慕课这一教学模式最早是在 2008 年出现的,但是真正流行是在 2011 年,是教育的一大革新。之后,出现了很多与之相关的课程,直到 2012 年,由于各个大学不断推进慕课教学,因此将 2012 年称为"慕课元年"。

(二)慕课教学的分类

著名学者蔡先金在他的《大数据时代的大学:e 课程 e 教学 e 管理》一书中,将慕课教学模式划分为如下两类。

1. 基于任务的慕课教学模式

这一模式具体如图 4-2 所示,其主要研究的是学生在任务完成之后对知识、能力的获取情况。学生可以从自身的学习方式出发,按照一些具体的步骤开展教学,可见学生的学习具有灵活性。学生可以对一些录像、文本等进行观看,也可以共享其他学生的成果,从而完成自身的任务。

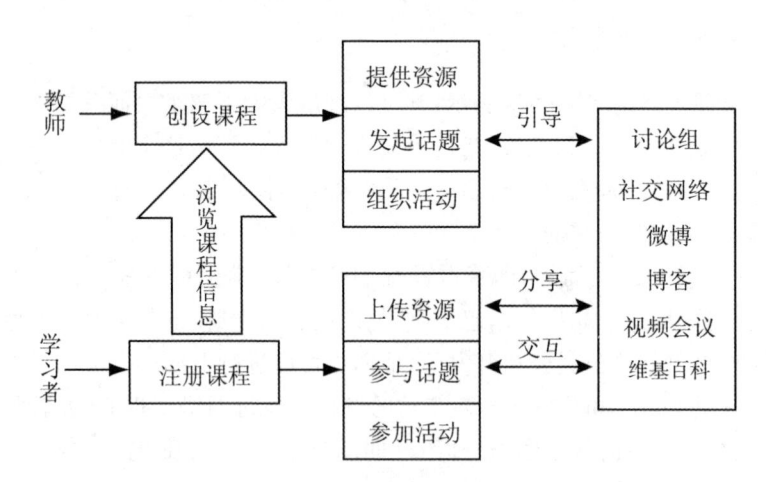

图 4-2　基于任务的慕课课程设计开发模式

(资料来源:蔡先金等,2015)

第四章　跨文化交际理论背景下高校英语教学模式的创新

2. 基于内容的慕课教学模式

这一模式如图4-3所示,主要侧重于学生对内容是否可以掌握清楚,一般会通过总结性评价、形成性评价等手段来评估学生的学习成果。当前,其非常注重研究学习社区的相关内容。在这一模式中,很多名校视频也包含在内,并设置了专业的用于测试的平台,学生在这一平台可以免费进行学习,并可以取得相应的证书。

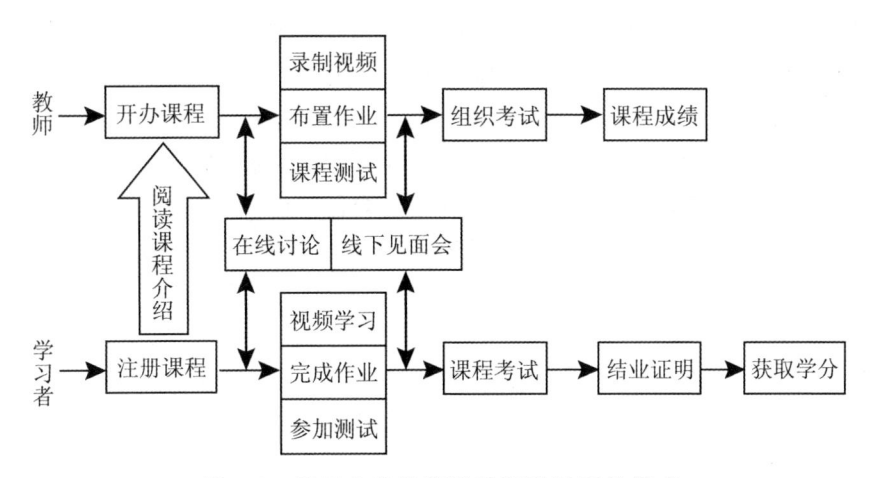

图4-3　基于内容的慕课课程设计开发模式

(资料来源:蔡先金等,2015)

综合而言,上述两大模式的特征可以总结如下。

第一,慕课课程设计以及活动组织都是建立在网络这一平台基础上的。

第二,慕课课程设计不仅包含了课程资源、课程视频等内容,还容纳了学习社区等内容。

第三,慕课课程的时间一般不会太长,控制在8～15分钟之内最佳。

第四,慕课课程设计主要是考虑大众因素的,因此在目标设置的时候也需要从多方面考虑。

第五,慕课课程设计应保证创新性和开放性。

(三)高校英语慕课教学的意义

1. 突破时空限制，转变教学模式

慕课教学突破了传统的大学限制，让学生在接受高等教育的时候，不因时间、地点等受到限制，这对于传统的高等教育来说，面临着巨大的挑战。

慕课教学模式对于大学课程的设计与开发、师资发展等影响巨大，主要体现在教学方法与策略层面。因此，当前的高等教育除了要适应社会发展的趋势，还需要考虑慕课教学在我国的本土化问题。一些专家学者通过研究国外的慕课教学，建立了很多国内本土化的英语在线开放课程群，这样学习者不仅可以自己选择适合自己的课程，还能学到英语知识，提升自身的英语水平。也就是说，英语慕课教学使教学更加优化，不断提升了教师的教学质量与效果。具体来说，英语慕课教学在教学方面的优势体现在以下两点。

第一，使英语教师从传统的教学模式中解放出来，他们也将面临巨大的挑战，就是英语教师应该不断学会运用技术，为学生构建高效、多样的英语慕课课程。

第二，运用慕课教学模式，教师的需求将会减少，并且会在慕课教学中出现一些"明星"教师，每一位教师也有很多的学生"粉丝"。另外，教师的授课重点也会发生改变，尤其是明星教师提供的精品课程，这些课程必然需要有好的教材、声源等，为了给学生创造优质的视觉感受，因此还需要添加一些肢体表达。

2. 激发学习兴趣，使学生的学习更为自由

在慕课教学模式下，人们更多关注的是是否激发了学生的学习兴趣，是否发挥了学生的主观能动性。因此，通过慕课平台，学生的学习从繁重的课堂中解放出来，而在这种轻松的学习模式下，他们获取知识的欲望将会逐渐增加，从而变成主动获取知识。学生可以在自己设定的时间内，对知识的来源与结构进行充分的了解，将关键性知识与内容把握好，学生的学习过程也限于如何提出问题、寻找答案解决问题等。

另外，慕课学习环境让学生的学习是自由的，便于学生培养自身的

自主学习能力。他们通过自主学习，有了大量的课外学习时间，从而不断拓宽自己的学习视野，提升自己的兴趣点。

(四)高校英语跨文化交际教学中慕课的实施策略

1. 构建多层次的慕课课程

慕课教学模式冲击着传统的英语跨文化交际教学，尤其是传统的英语跨文化交际教学模式单一的情况。从师资力量上说，传统的师资力量比较薄弱，教师资源非常有限，导致很多课程的讲授都并没有针对性。但是相比之下，英语慕课教学基于学生的兴趣和积极性来设置课程，这使得学生学习英语的动力明显提升，从而不断提升他们学习的效率与质量。

2. 采用多种教学方式展开慕课教学

虽然很多学校都要求不断进行英语跨文化交际教学改革，在上课方式上也不再是单一的手段，但是在教授方式上还是过多倾向于知识点的讲述，即便是将多媒体手段融入其中，也多是课堂讲授的辅助手段，因此只是将传统的板书形式替代成了现在的多媒体形式。相比之下，英语慕课教学模式更为多样化，学生即便不在学校之内，也能够通过网络获取知识。

3. 展开多渠道考核学生的慕课学习情况

在慕课教学模式下，英语跨文化交际教学中设置了多渠道的考核手段。如果仅仅是传统的笔试考试或者论文写作，那么很难将学生的实际能力检测出来。但是，在英语慕课教学模式下，可以进行个性化的考核，这样的考核可以将学生的积极性激发出来，从而开展下一阶段的学习。

二、微课教学

(一)微课教学的内涵

微课教学是指教师将微课的资源整合到日常课堂当中，根据学生的学习特点和学习进度,将微课资源与普通课堂相结合,从而实施教学的过程。微课教学的特点主要体现在以下几个方面。

(1)内容易懂,精力专注。

(2)集中、强化教学技能。

(3)突出自身优势,彰显个性特点。

(二)微课教学的分类

1. 非常 4＋1 微课资源结构模式

非常 4＋1 模式主要由图 4-4 所示的五个要素构成。其中"1"代表微视频,而"4"代表围绕它的四个层面,便于构建微视频。这"4"个层面都是围绕"1"建构起来的,并且是与"1"相匹配的资源。

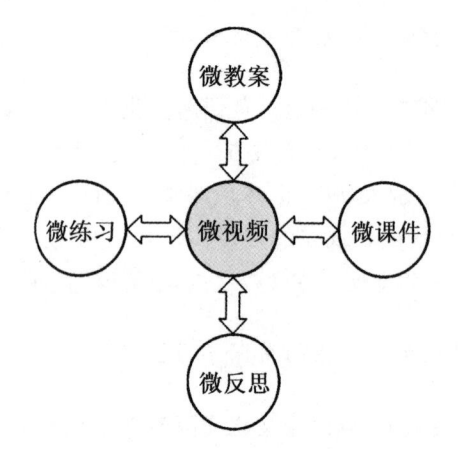

图 4-4　非常 4＋1 微课资源结构模式

(资料来源:王亚盛、丛迎九,2015)

2. 可汗学院微课教学模式

可汗学院微课教学模式(图 4-5)具有较高的建构成本,但是适用范围还是相对比较广泛的。在这一模式中,教学设计者、教师、学生彼此之间是相互促进的关系,当然彼此也是独立的。这一模式主要是为了完成教学的设计。

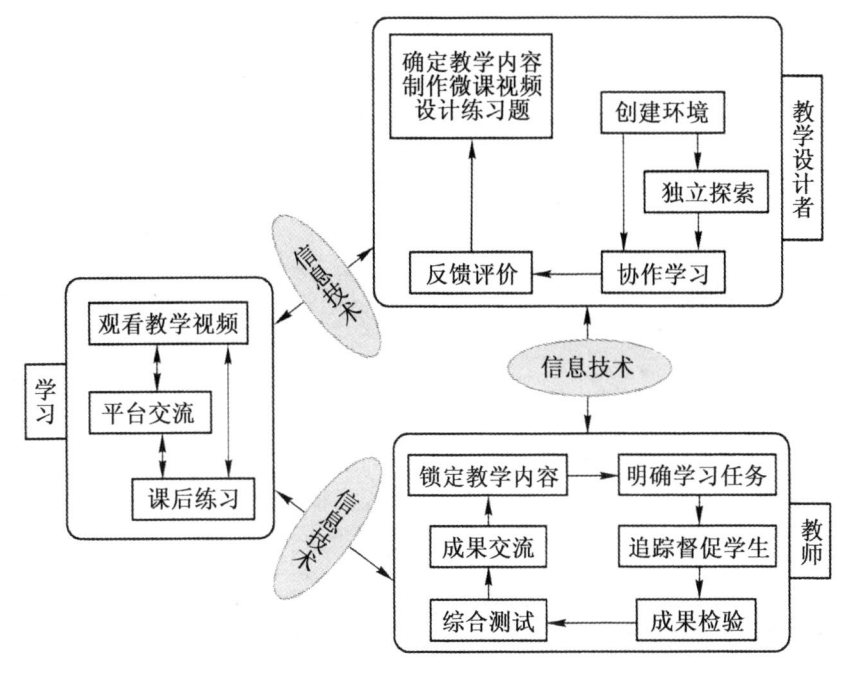

第四章 跨文化交际理论背景下高校英语教学模式的创新

图 4-5 可汗学院微课教学模式

（资料来源：王亚盛、丛迎九，2015）

3. 111 微课内容构建模式

111 微课内容构建模式（图 4-6）主要指的是对三个"1"的把握。其中第一个"1"指的是用 1 个案例引入教学情境，从而让学生对学习的价值与意义有清楚的了解；第二个"1"指的是带出一个本集需要的知识点或者概念，从而强化对知识的理解和把握；第三个"1"指的是对其进行训练，从而实现知识的内化。

4. 123 微课程教学运作模式

123 微课教学模式（图 4-7）是基于国内外中小学学习情况建构起来的。其中的"1"指的是教学活动应该将微课程视作中心，并且强调短小；"2"指的是教师要设置教案，组织教学活动，一般要设置两套教案；"3"指的是根据资料展开自主学习，这里的资料主要有三组资料。

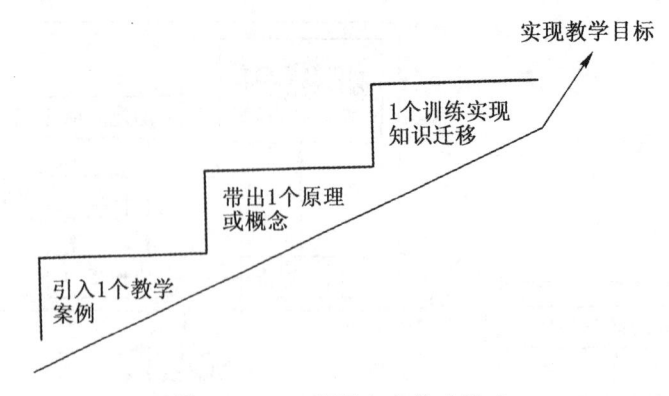

图 4-6　111 微课内容构建模式

（资料来源：王亚盛、丛迎九，2015）

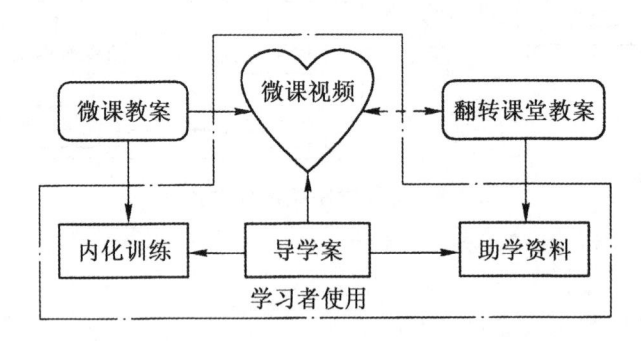

图 4-7　123 微课程教学运作模式

（资料来源：王亚盛、丛迎九，2015）

（三）高校英语微课教学的意义

1. 促进学生学习积极性的提升

在高校英语微课教学中，教师用直观的教学手段清晰地展示抽象的理论知识和技能，为学生理解与掌握知识和技能提供了方便，使学生学习起来更容易一些。学生对新鲜事物总是充满好奇心，而对于高校学生来说，新颖的微课教学模式是比较新鲜的事物，能激发他们的好奇心和求知欲，学生在新的教学模式下学习的积极性会得到提升，更愿意主动学习，这对于提高学习效果、提升英语素养具有重要意义。

第四章 跨文化交际理论背景下高校英语教学模式的创新

2. 使学生的个性化学习需求得到满足

高校英语微课教学可以使不同学生的个性化学习需求得到满足,学生可以根据自己的学习需要对所要学习的内容进行灵活选择,既能强化自己已经掌握的知识与技能,又能重点学习自己还未掌握的知识与技能。高校英语微课教学为学生提供了延伸性的学习平台,学生利用这一拓展化的学习资源可以查漏补缺,完善自己的知识体系,巩固自己的运动技能。在传统的高校英语跨文化交际教学中,由于一节课时间比较长,学生的注意力很难始终保持高度集中的状态,学生注意力分散,无法与教师配合好,自然就会影响课堂教学的顺利进行和最终的教学效果。在高校英语微课教学模式下,由于时间短,而且学生面对的是生动形象的教学资源,所以更容易集中注意力,更容易准确抓住知识点,还能主动思考与探索,这对于促进学生视野的拓展及学习水平的提高是有好处的。

(四)高校英语跨文化交际教学中微课的实施策略

高校英语微课教学的组织与实施过程可分为以下三个阶段。

1. 课前准备

课前准备工作的好坏直接反映教师的内容编制技能,准备阶段的工作主要包括对教学内容的选取、对教学目标的确定、对教学策略的制订、对教学顺序的安排及对教学器材的摆放等内容。选取教学内容一定要有明确的主题,对某一个或少数几个选定的问题集中进行说明,这样才能体现出高校英语跨文化交际教学的目的性、计划性,才能使教学目标发挥引领作用。

2. 课中教学

(1)课程导入。微课时间较短,在有限的时间内尽可能用新颖的方法引出课题,这样才能在短时间内吸引学生的注意力,使其在接下来的时间里集中精力学习。这一环节用时较少。

(2)正式进入教学活动。教学活动是主体部分,以解决一个技术问题为主线,教师的讲解要简短精练,留出让学生自主练习的时间,教师在旁边巧妙启发、积极引导。

(3)课后小结。课堂小结是对教学内容要点的归纳及整个教学的总结。课堂小结贵在"精",要起到画龙点睛的作用,不要做不必要的总结,以免画蛇添足。

3. 课后反思

教学探究和解决问题是课后反思的基本立足点,反思的要点有两个,即教和学,通过反思来检验目标的合理性与达成情况,根据现实问题而提出解决方案与改进建议。

三、翻转课堂教学

(一)翻转课堂教学的内涵

当前,出现最早的翻转课堂模型就是图 4-8 所示的罗伯特·塔尔伯特(Robert Talbert)教授的模型,其在"线性代数"中应用了这一模式,并且效果显著。

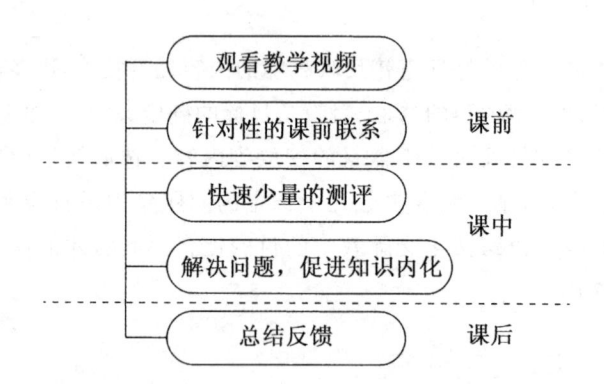

```
┌─ 观看教学视频
├─ 针对性的课前联系      课前
┄┄┄┄┄┄┄┄┄┄┄┄┄┄┄┄┄┄┄┄┄┄┄┄
├─ 快速少量的测评
├─ 解决问题,促进知识内化   课中
┄┄┄┄┄┄┄┄┄┄┄┄┄┄┄┄┄┄┄┄┄┄┄┄
└─ 总结反馈              课后
```

图 4-8 罗伯特·塔尔伯特的翻转课堂教学结构图

(资料来源:孙慧敏、李晓文,2018)

这一模型为后续学者、专家进行教学模式探索提供了基本思路。那么,到底什么是翻转课堂教学模式呢?有人将其定义为一种在线课程,

第四章　跨文化交际理论背景下高校英语教学模式的创新

也有人将其定义为传统课堂顺序的颠倒,并未实质进行变动。但是,这两种观点都不准确。实际上,翻转课堂的核心在于教学视频,但是教师在其中也仍旧发挥重要的作用,因此不能将翻转课堂定义为一种在线课程。在传统的课堂中,教师充当知识的灌输者,但是翻转课堂是将知识传授予以提前,而将课后需要练习的内容转移到课堂之中,学生与教师或者其他学生在课堂上可以进行探讨。这种颠倒实际上是为了让学生对知识进行内化,这才是翻转课堂的内涵所在。

(二)翻转课堂教学的理论

1. 掌握学习理论

所谓掌握学习,即学生在自身掌握足够的时间与最佳的学习条件的前提下,掌握学习材料的一种手段。这一理论是由卡罗尔提出的,并且卡罗尔认为,有的学生学习能力比较强,有的学生学习能力比较弱,但是只要为他们准备充足的时间,那么他们都会学会的。之后,布鲁姆(B. S. Bloom)在卡罗尔理论的基础上,提出了"掌握学习"教学法[1],这一理论对后期的教学模式改革提供了帮助。在布鲁姆看来,掌握学习的核心在于学生之所以未取得好成绩,并不是他们的智力不够,而是因为他们的时间不足。因此,只要给予他们充足的时间,那么他们的智力就会被激发出来,就会完成学业。

2. 学习金字塔理论

美国学者埃德加·戴尔(Edgar Dale)率先提出"学习金字塔(Cone of Learning)"理论,它用数字形式形象显示了学生采用不同的学习方式在两周以后还能记住的内容多少(平均学习保持率),如图4-9所示。[2]

由图4-9可以看出,学习方法不同,其学习效果也必然不同。并且通过分析可知,其能够揭示出传统灌输学习向体验式学习是如何影响学生学习的,也能够为学生提供提升学习效率的路径。

---

[1] 布鲁姆,等. 教育评价[M]. 邱渊,等,译. 上海:华东师范大学出版社,1987.
[2] Dale Edgar. *Audio-Visual Methods in Teaching* [M]. New York:The Dryden Press,1954.

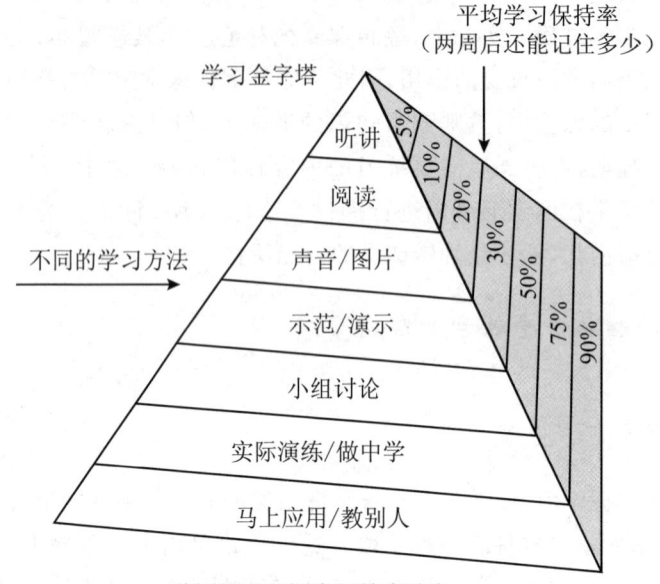

学习金字塔

平均学习保持率
（两周后还能记住多少）

不同的学习方法 →

- 听讲 5%
- 阅读 10%
- 声音/图片 20%
- 示范/演示 30%
- 小组讨论 50%
- 实际演练/做中学 75%
- 马上应用/教别人 90%

美国缅因州国家训练实验室

图 4-9　学习金字塔理论

（资料来源：孙慧敏、李晓文，2018）

（三）高校英语翻转课堂教学的意义

1. 真正实现了以学生为中心

翻转课堂教学模式是对传统教学场所、教学时间等的改变。通过这一教学模式，教师将讲授的媒介转向视频，学生通过自学来获取知识。教师可以通过 Facebook、Twitter 等为学生提供资料，学生可以在网上对这些资料进行获取，从而主动进行学习。但是课堂成了学生与教师、其他学生之间交流的场所，从而激发学生的探究学习、协作学习。

2. 让学生的英语学习更为自主

在翻转课堂教学的课前学习部分以及课堂的任务活动部分，都需要学生参与其中，这不仅仅是让学生对学习负责任，还是让学生认识到只有通过学习,才能够与教师或者其他学生展开探究。这时候,学生从被动的学习转向主动的学习,从而培养他们的自主学习意识。

(四)高校英语跨文化交际教学中翻转课堂的实施策略

1. 设计英语跨文化交际教学过程

美国创新学习研究所(Innovative Learning Institute,ILI)提出了翻转课堂设计流程。ILI认为,翻转课堂的设计过程主要包括如下几个层面。

第一,确定课外学习目标。
第二,选择翻转课堂的具体内容。
第三,选择翻转课堂传递的手段。
第四,准备翻转课堂教学的资源。
第五,确立课内学习目标。
第六,选择翻转课堂评价的手段。
第七,设计具体的翻转课堂教学活动。
第八,辅导学生展开学习。

2. 开发英语跨文化交际教学资源

从广义层面来说,教学资源指的是用于教学的材料以及相关的人力、物力、设施等,能够帮助个体展开学习的任何东西。随着科技的进步,信息化教学资源呈现出来,指的是在信息技术环境下,为了实现教学的目的而出现的各种教学资源,如人力资源、信息资源等。

随着信息化资源的不断丰富和在教学中的不断应用,人们逐渐提出了翻转课堂的教学理念,从上述翻转课堂的过程可知,要想实现翻转课堂,需要具备一些基本的教学资源,如教学视频、阶段训练、学习任务单等。当然,要想实现翻转课堂,除了需要具备上述一些资源外,还需要考虑借助一些软件工具,这类资源贯穿于翻转课堂教学的全过程。这些软件的作用在于帮助教师设计教学视频,帮助师生展开协作交流,展示学生的学习成果等。

四、混合式教学

(一)混合式教学的内涵

混合式教学是教学信息化发展的新阶段,它体现出信息技术从教学辅助向与教学深度融合的发展轨迹。信息技术应用于教育教学最早始于计算机辅助教学(Computer Assisted Instruction,CAI),并且衍生出了计算机辅助学习(Computer Assisted Learning,CAL)、计算机辅助训练(Computer Assisted Training,CAT)等概念,直到之后信息化时代的网络教学平台(E-Learning)等,这些教学应用的特点都是从属于已有的教学流程,在教学过程中所起得更多是辅助、补充和支持作用。[1]

(二)高校英语混合式教学的意义

1. 有利于发挥集合优势

开展混合式教学有助于将新旧教学模式结合起来,彼此之间进行相互的学习,系统展开思考,对各种教与学方法进行整合和分析。这样不仅能够将教师的教学技能挖掘出来,发挥教师在教学中的主导地位,还能够以学生为中心,发挥学生的主体性。同时,教师集中先进的教学技术、教学设施等,为学生创设必备的学习环境,从某种程度上说,这种混合式教学对教师的要求更高。

2. 有利于及时反馈

在传统的教学中,教师很难进行准确、全面的反馈,但是在混合式教学模式下,教师可以运用一些网络平台,结合线上线下教学环境,让教师全面准确地了解学生,帮助学生解决学习中遇到的问题,从而不断提升教师的教学效果。

---

[1] 何鸣皋,谢志昆. 混合式教学设计 基于MOOC(慕课)的SPOC教学改革实践[M]. 昆明:云南大学出版社,2018.

3. 有利于高效互动课堂的建立

传统的教学模式主要侧重于教学活动,教学内容主要是教师灌输给学生,是一种单向的转移。在学习中,学生不能有效地参与到课堂之中,学生与课堂很难实现互动。教师的教学模式也比较单一,缺乏灵活性。在混合式教学模式下,教师选择先进的教学手段,目的是实现师生之间的互动,从而便于师生解决教与学的问题。

4. 有利于个性化学习

在学习中,学生可以根据自己的需要选择适合自己的学习方式,激发他们主动参与课堂,展开与教师、与其他学生之间的协作。同时,学生也有充足的时间进行课外实践。显然,这与当前的英语跨文化交际教学改革潮流相符。同样,学生能够自主选择也属于一种深度学习,是一种创新手段,便于学生获取好的成绩。

(三)高校英语跨文化交际教学中混合式的实施策略

1. 课前准备

在混合式英语跨文化交际教学中,教师在展开授课之前,要从教学内容、学生实际学习情况出发,对课程资源进行整合,并考虑实际的情况,设计具体的教学任务,从而培养学生的自主学习能力。例如,通过"朗文交互学习平台""新理念外语网络教学平台"等平台,教师可以将与教材相关的学习目标、学习计划、学习主题等预习任务发送给学生,学生从自身的能力出发,通过各种形式完成预习任务,从而不断提升自身的自主学习能力。同时,在混合式教学中,学生与教师或者其他同学之间还可以进行互动,如果遇到问题,学生也可以向教师或者其他学生寻求帮助。

2. 课堂讲授

混合式教学实际上是线上线下混合式教学,其中的线下即课堂讲授,这一阶段主要通过课堂与自主学习平台的融合,展开多媒体辅助教学。首先,教师要对学生的预习情况进行检查,并指出学生在预习过程中存在的问题。其次,教师运用多媒体对教学内容进行丰富,提出一些具体的问题,让学生进行思考。再次,教师从实际情况出发,设计相应的学习任务,让学生之间进行探讨,或者通过一些角色扮演的形式,调动学生参与的积极性。最后,教师让学生进行反思,或者进行自评、互评,对自己的学习内容加以总结,激发他们的探究精神。

3. 课后补充

在课后,教师通过混合式教学对学习资料进行补充,扩大学生的视野,加深学生对知识的掌握情况。当然,学生也可以在网上寻找一些复习材料,从而使自己的学习效果更优化。

五、学习倦怠情绪调节方法

互联网的融入,使大学英语教学更具有动力,也给学生带来了声像俱佳的各种英语在还是,并且改变了英语教学的理念和学习方式,但是互联网也带给了大学英语教与学中不可回避的负面效应。其中最明显的体现就是大学英语学习倦怠。根据调查,很多学生在课余时间运用网络进行大学英语学习的时间仅仅占据上网时间的20%,说明他们大多数时间利用互联网不是进行学习,而是玩游戏、上网聊天。显然,在"互联网+"背景下,大学英语学习倦怠情绪体现得非常明显,那么如何利用互联网的环境,引领大学生进行自我调控,发挥大学生的自觉性,最终克服学习倦怠情绪,成为当前人们研究的重点。相应地,在基于跨文化交际的大学英语教学过程中,英语教师也需要重视对学生学习倦怠情绪问题的调节,进而有效提升他们英语学习的效果。

(一)英语学习者倦怠情绪的情况

1.互联网资源获取的便利性带来的学习倦怠

互联网是一个大型的资源库,知识的获取是非常便利的。从好的方面来说,这对于大学英语教学与学习非常有利。但是,其也有负面影响。

第四章　跨文化交际理论背景下高校英语教学模式的创新

由于学生获取学习资源太过于容易,导致很多学生不愿意付出辛苦,他们只要在英语学习中遇到困难,就上网搜寻答案,久而久之,这就形成了一种习惯,不愿意多动脑,这样的方式显然对于英语学习毫无用处。

2.社交软件对学习的影响

随着手机的发展,人们的社交手段跟我给频繁,传统的写信、电子邮件等形式都被QQ、微信等占据了。大学生在这股潮流的引导下,改变了自己的生活方式,他们不出门就能和朋友聊天聊个没完,可以刷朋友圈几个小时,这样导致他们在聊天上花费了太多的时间,哪里还有剩余的时间进行英语学习。

3.网络游戏对学习的影响

网络游戏对于大学生有着非常大的冲击。年轻人都喜欢沉浸于游戏之中,导致游戏产业也蒸蒸日上,出现了各种类型的游戏。对于玩游戏,除了付出金钱外,还需要花费大量的时间。对于一些本身自控能力较差的大学生来说,网络游戏对他们的学习产生了不利的影响,将自己的大部分课余时间浪费在游戏上,不愿意看书,也不愿意做作业,有些人甚至熬夜通宵玩游戏,白天要么打瞌睡,要么逃课在宿舍睡觉,还有一些人在英语课上玩游戏,这样导致学生因为游戏出现了英语学习倦怠。

4.网络娱乐方式对学习的影响

除了游戏之外,其他一些娱乐形式对大学生的英语学习也产生了不利的影响,造成他们在英语学习中的倦怠。例如,快手、抖音等一些短视频拍摄浪潮,在当今社会风靡,一些年轻人争相模仿。要想拍摄好,必然需要耗费大量的时间与精力,甚至有时候需要耗费很长时间。

另外,微信朋友圈晒出的一些娱乐内容,也容易引起其他朋友的注意,导致争相模仿,如赛车、极限运动等,这些娱乐方式对于大学生有很大的吸引力,一旦投入进去,必然耗费自己的英语学习时间。

5.网络赚钱效应带来的冲击

在网络信息中,影响最大的就是各种赚钱方式。因为很多大学生认为自己毕了业之后即需要赚钱,这也充分地吸引着大学生的眼球,在这么多的诱惑上,一些自制力差的大学生很容易迷失自我,一心想要赚钱,甚至产生了享乐主义、拜金主义,这样加剧了学习倦怠情绪的产生。

(二)改善英语学习者倦怠情绪的模式

1.转变课堂形态

(1)从独白课堂转向对话课堂

独白课堂是在大学英语教学中,教师拥有绝对话语权,对大学英语课堂教学的走向起着主导作用,学生则是失语者,大学英语课堂教学完全是教师的知识灌输过程。在这样的课堂上,教师与学生完全属于单边活动,学生并不是在主动地学习知识的,而是被教师教会的。教师为了完全自身的教学任务,占据课堂的大部分时间,导致师生之间并没有过多的互动的机会,学生也因此降低了学习兴趣和热情,产生了"虚假学习"现象。①

"互联网+"时代最主要的特征就是内容更为丰富,一方面教师不再是学生获取知识的唯一途径,也不是课堂的权威,学生如果在课堂上有些知识没有掌握,他们可以在课下通过互联网展开自主学习。另一方面,随着网络技术的发展,网上的交互平台增多,导致师生之间可以通过网络进行交流互动,打破了之前的单边活动的局面,师生之间可以实时对话,这就使得课堂形态从独白走向对话。

对话课堂是大学英语课堂教学主要以学生为本,将学生视作英语课堂教学的主体,通过对话手段,在师生之间建构平等互助的关系,最终提升教师的英语教学质量和学生的英语学习水平。对话课堂可以划分为三种对话形式:师生对话、生生对话、生本对话。其中师生对话是主要的组成部分,教师和学生通过探讨某些问题,从而让学生掌握知识。生生对话是学生倾听其他同伴的意见,与其他同伴交流,对学生的个体差异加以弥补,共享他人的思维成果。生本对话是学生与文本展开对话,这是阐释性对话,是学生对文本的理解。

---

① 李丹阳.试论教育信息化2.0时代课堂形态转变的境遇、路径与策略[J].教学研究,2021,44(01):51-58.

第四章　跨文化交际理论背景下高校英语教学模式的创新

基于互联网的对话,英语课堂教学打破了现实课堂的束缚,使学生可以在任何时间、任何地方从自己的学习需求出发展开对话。当教师在学习平台发布自身的任务,学生可以直接在平台上留下问题,教师进行在线解答。除此之外,当学生在学习社区等地方进行阅读时,也可以与其他同学分享自己的想法,实现思维共享。

(2)从封闭课堂转向开放课堂

封闭的课堂不仅指的是英语课堂环境的封闭,更指的是英语课堂各个部分的封闭,主要表现在问题、经验、思维、教师交往等层面。

在"互联网+"背景下,每个人都在通过网络获取信息,教师与学生也不例外。对于学生而言,互联网让他们接触了各种信息,逐渐提升了他们的认知水平,产生了更多的新思维。对于教师而言,互联网也让他们不断革新自己的教学方法,增加自己的知识储备,加强与其他教师的合作等。

开放课堂就是运用互联网资源,打破传统课堂的时空限制,将教师、学生从教材中解放出来,实现师生、生生之间的互动与合作,培养学生树立独立思维意识。开放课堂相比于封闭课堂,经验、问题、思维等都变得更为开放。现如今,学生可以从不同的渠道获取信息,实现自身新旧经验的碰撞。

(3)从现实课堂转向混合课堂

随着信息技术的发展,优质的网络平台逐渐建立和开放,为学生的多样化学习提供了更多选择余地,也不断促进英语教学的进步和发展。传统的现实课堂是单向灌输过程,在有限的时空内,学生不可能将教师讲授的内容全部接受,导致传统的课堂过分注重理论而忽视实践。虽然各种虚拟网络课堂发展迅速,为学生的英语学习提供了更为广阔的空间,但是由于学生缺乏学习主动性,对自己的管理也不严格,导致虚拟课堂也出现了很多弊端。因此,将现实课堂与虚拟课堂相融合的混合课堂才是首选。

混合课堂是融合了现实与虚拟、线上与线下的模式,能够拓展学生的英语学习时空,发挥教师的辅助与引导作用,让学生获取更为优质的资源,培养学生的英语实践能力。

在当前的英语教学中,混合课堂的应用主要有如下几个步骤。

第一,通过学习平台为学生布置任务,让学生通过观看短视频,对下堂课所要学习的内容进行搜集。

第二,在课堂上,学生展示自己的学习结果,也可以提出学习中的问题,在课堂上展开探讨。

2.构建智慧课堂

"互联网+"教育创造了多种教育手段,其中智慧课堂就是其中的一种重要模式。智慧课堂即依靠智能化技术,发挥教师与学生的智慧,对传统课堂教学模式加以优化。

智慧课堂要求以智慧教学环境作为支撑,这些智慧教学环境包括智慧校园网、学习资源平台,核心在于通过网络或者移动终端,接入学习内容,展示学习活动,更新与共享学习内容等。智慧教学环境可以实现真实情境的创建,实现学习协作,还可以推动个性化的学习资源。①

具体来说,大学英语智慧课堂教学的设计框架如图4-10所示。

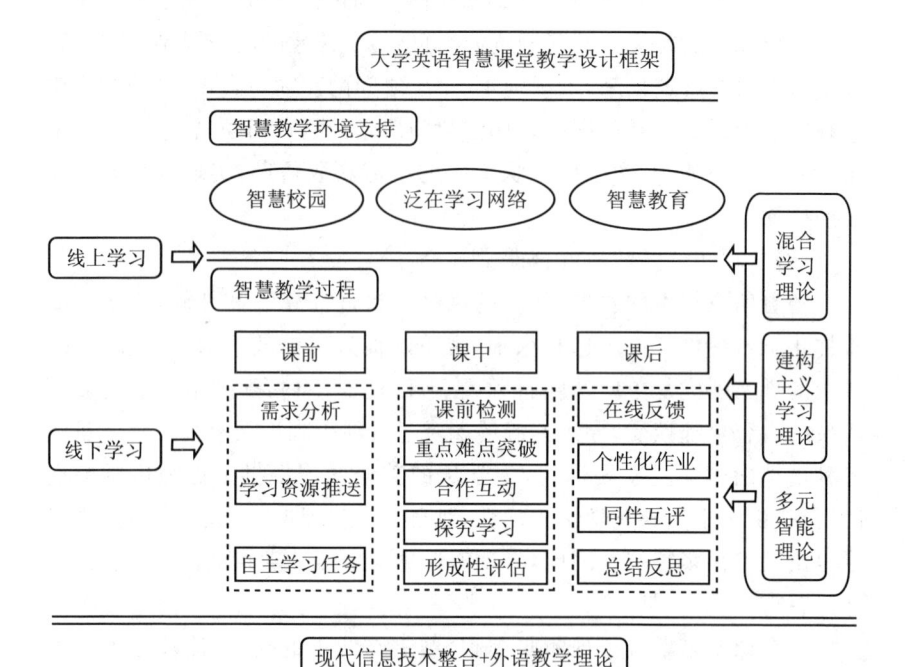

图 4-10　大学英语智慧课堂教学框架图

(资料来源:厉建娟,2018)

---

① 厉建娟."互联网+"时代大学英语智慧课堂的构建[J].牡丹江教育学院学报,2018(06):53-55.

第四章　跨文化交际理论背景下高校英语教学模式的创新

(1)课前学习阶段

在课堂开始之前,教师可以通过网络问卷、测评等,对学生的学习需求加以了解,从学生的学习需求出发,教师为学生提供学习资源,制定学习任务。智慧的英语学习不仅包括习得知识、获得技能,还包括提升学生的英语思维与文化素养。

例如,运用移动终端 APP,如英语流利说等进行听说训练。利用喜马拉雅在线听等,可以展开英语文化学习。对于学生的雅思托福考试,推荐学生使用一些泛在网络学习平台,展开有计划的学习。

(2)课堂学习阶段

在课堂进行中,智慧课堂教学要求发挥教师的智慧,运用先进科技,让学生主动探究。在课前检测阶段,可以通过在线测评,对学生的学习情况进行评估,从而设置自己教学的重难点。教学的重难点需要教师给予一定的指导,同时可以组成小组进行协作学习。教师可以运用网络平台发布一些探究学习任务,如从影视人物的对话中分析中西思维差异等。

在智慧课堂中,教师可以运用在线网络和移动终端,对学生展开形成性评估。这是通过对学生学习过程的观察与记录,对学生的学习效果进行监测,激发学生的英语学习。

(3)课后学习阶段

首先,在课堂结束之后,教师需要评价学生的学习成果。基于放在网络学习平台中设置的"学习记录"模块,对学生的学习情况加以记录。

其次,在评价的基础上展开个性化反馈,为学生设置个性化的作业,如果学生在学习中遇到问题,教师可以进行针对性的辅导。

3.应用数字资源

在大学英语教学实践中,如果能够合理利用新型资源,则有助于改善大学英语学习结果。现代社会中的数字资源即新型资源,无论是计算机、笔记本电脑甚至手机、光盘等,都可以运用数字资源,因为数字资源对于当代人来说是非常便利的,并且其资源非常广泛。但是,无论资源多么庞大,只有将其运用到恰当的领域中,才能彰显其价值。

大学英语教学应该充分借助数字资源的优势,进行教学创新,具体来说,可以从如下几点展开。

(1)积极搭建数字化教学平台

随着互联网的普及,现阶段的大学生对于电子设备、网络都非常依赖,因此可以借助信息技术来搭建数字化教学平台。数字化教学模式改变了传统的时空的问题,能够为学生提供更为便利的平台。数字化模式不仅限于课堂的学习,大学英语教师还应该为学生搭建数字化平台,在搭建平台时,教师应该从社会的需要出发,制订高端的英语教学目标,建立科学的教学体系,实现数字化模式的创新。

另外,教师还可以创建微信公众号,定期发布一些学习内容,做好对公众号的维护,让学生在课堂之外能够感受到英语学习氛围。当然,教师也需要做好监督的工作,帮助学生提升自身的自主学习能力。

(2)创新教学手段

在数字化背景下,大学英语教师应该充分利用数字化设备,借鉴不同的教学模式,为学生解释英语文化知识与内容。在教学手段上,教师可以采取线上体验式教学。传统的体验式教学大多是线下的,而现在加入线上设备,使得体验式教学的选择更为丰富,更具有探究性,同时激发学生对知识的探究意识。例如,教师可以选择一个电影片段,让学生体会语言的魅力,进而让学生进行配音,这样不仅能够让学生体会到原汁原味的英语语言,还能够调动学生学习的积极性。

(3)创新教学内容

教师在开展教学之前,除了梳理本节课需要坚守的知识,还需要进行课外拓展。如果数字化设备仅仅是将书本知识搬到网络上,这样就丧失了数字化教学的意义,因此教师应该对教学内容加以丰富,提升英语教学的趣味性与全面性。

第二节 跨文化交际理论背景下高校英语生态课堂的构建

近年来,生态概念越发引起人们的关注和重视,生态学理论也逐步渗透到各个学科范畴,为其他学科研究开辟了崭新的思路。在某种程度上,教育与周边环境要素的互动具备生态学意义,因此,根据相应生态学的原理来研究跨文化交际人才的培养具有合理性、可行性和必要性。在生态课堂教学中,重视语言知识学习的同时,也注重学生跨文化意识和能力的培养。这对于提升学生语言应用能力和培养人文素质,推进英语教学改革和发展,保证高职教育人才培养目标的完全实现等具有十分重要的现实意义。

一、生态教学课堂

生态课堂是从生态学的视角出发,对生态状态下的课堂加以研究的学科,其强调教师、学生、教学信息与组织、教学环境、教学平等等环节要实现和谐统一,是对师生关系、课程结构等进行的新型建构,是一种各个环节之间彼此联系与和谐共生的教学形态。

二、高校英语生态教学优化的原则

(一)简便优化原则

建设高校英语生态教学不仅要追求系统性、目的性、有效性,还要追求简便易行、高效率、多功能等。因此,优化高校英语生态教学必须遵循简便优化原则。简便优化原则从系统的价值标准角度反映了系统存在和发展的客观规律,这不仅揭示了教学主体对高校英语生态教学系统的一般要求,而且还揭示了高校英语生态教学系统优化发展的方向和趋势。

(二)主体性原则

建设高校英语生态教学的过程中,要充分重视学生主体的作用,培养他们在特定环境中的自控能力,使学生学会自己管理教学环境。高校英语教师和学生都是高校英语生态教学的主人。高校英语生态教学的建设离不开教师与学生主体的参与、支持和合作。正因如此,在优化高校英语生态教学的过程中,高校英语教师应充分调动学生的主动性与积极性,使高校英语生态教学的创设得到最广泛的支持,长久维持优良的高校英语教学环境。

三、跨文化交际理论背景下高校英语生态教学的优化策略

(一)加大经费投入,促进对英语教学硬件设施的维护与更新

高校英语教学硬件条件的好坏对教学活动的开展和教学效果的优劣有直接的影响。学校应加大资金投入力度,改善高校英语教学硬件条件,为学生提供良好的运动环境,提高学生的学习兴趣。

(二)提供各种书籍、期刊等丰富的学习资料

高校英语教学书籍、期刊等资料对学生学习英语知识起到关键的作用。为了让学生学习和了解更全面、新颖的高校英语信息,学校应丰富图书馆中的英语学习资料,确保英语学习资料的种类、数量和质量能满足学生的需求,营造浓郁的学习氛围。

(三)建立和谐的人际关系

高校英语教学中师生与生生之间建立和谐的人际关系对于营造良好的课堂氛围、优化教学环境及提高教学效率具有重要意义。具体来说,师生要从以下几方面努力建立、改善及维持关系。

第一,高校英语教师要与学生建立和谐关系,就要先对每个学生的英语基础、英语学习兴趣等加以了解,在英语课上针对不同学生的需要进行个性化教学,并尊重学生的个体差异,重视每一位学生的主体地位,平等对待每一位学生,积极调动学生在英语课上的学习热情与自觉性,鼓励学生参与到集体的英语教学活动中来,与学生建立亦师亦友的关系。

第二,高校英语教师在课堂上善于运用现代化教学手段与学生互动,如播放教学视频,与学生共同讨论视频中的动作,提醒学生应该注意哪些细节,并启发学生思考和提问,现场解决学生的疑问,这样不仅提升了学生的学习兴趣,也使师生互动交流的机会更多。

第三,高校英语教师在高校英语课堂教学中组织一些集体性的游戏或比赛,使学生以小组为单位参与活动,引导学生团结友爱,互帮互助,相互配合,培养学生的集体主义精神与合作意识,使学生在合作中建立

与巩固友谊,共同学习与进步。

(四)培养高校英语教师的信息化教学能力

在信息化的高校英语教学中,不管是高校英语教师还是学生,都能迅速便捷地获取丰富的教学信息与资源,而且师生在这方面拥有均等的机会,学生获取学习信息突破了课堂教学与教师传播这些单一的渠道,而能够自主从网络上获取更多可靠的有帮助的重要学习资源。这种教学变化形式对高校英语教师的角色、作用及能力都提出了更高的要求,高校英语教师要主动适应信息化教学环境,树立信息化教学理念,学习信息化教学方法和手段,将这些理念、手段充分融入教学中,加快推进高校英语教学的现代化、信息化发展。这是时代的要求,也是高校英语教师自我发展和实现自我价值的要求。高校英语教师要参与网络课程的开发设计、分析研究、辅导领航等,角色的多样性增加了高校英语教师的责任感和使命感,高校英语教师必须自觉提升自己的信息化教学素养和现代化教学能力,扮演好每一个角色,为学生学习提供最优质的服务。

第三节 跨文化交际理论背景下高校英语多模态互动教学的应用

一、多模态教学的内涵

在多模态话语分析理论的基础上,New London Group 提出了多模态教学方法。作为一项教学理论,其包含多个层面,如声音、图像、视觉等。根据这一理论,语言的输入与输出都会受到多种符号模态的影响,因此在英语跨文化交际教学中,可以将多种符号模态加以融合,并考虑图像、音乐等形式,丰富英语课堂教学,将学生的兴趣激发出来。

教师采用多模态教学,可以结合网络手段,为学生创设各种情境,这样学生才能在学习中体会到快乐,多渠道地将学生的各个感官激发出来,促进学生英语语言技能的进步与发展。

二、多模态教学的原则

(一)坚持"学生中心"这一核心原则

在高校英语多模态教学中,"学生中心"是最为核心的原则。所谓"学生中心",即做到以学生为中心,发挥学生的主体性与能动性。在高校英语多模态教学中,学生是学习的主体。要想实现"教学相长",就必须将学生作为中心来促进教师的教学,让教师对学生的学习进行指导。在教学的内容上,教师需要将学生的积极性与主动性调动起来,学生可以根据自身能力、自身认知等层面的具体情况,结合教师的指导,对自己的学习策略进行调控,从而与教师的教授形成良性的互动。

(二)建立在以对话为主的格局

教师与学生之间的对话是基于网络时代建构起来的,高校英语多模态教学模式要建立在以对话为主的格局之下,这是其内核。具体来说,教师教学的效率、学生学习的能力、学生国际素养的培养,都与教师之间的良性对话有着密切的关系。其中,通过网络资源优势,为学生设计与他们相符合的互动活动,引导学生展开多元层次的互动,构建传统教学与网络教学结合的新型模式,是教师值得关注的方面。当前,最关键的层面在于不断更新与变革教师的教学理念,如果不变更这一点,那么无疑就是"穿新鞋,走老路"。①

三、高校英语多模态教学的意义

(一)改善学生的英语学习模式

首先,从多模态表现形式的需求出发,高校英语多模态教学往往采

---

① 丁翠萍."互联网+"背景下大学英语多元互动教学模式的构建及其有效性研究[J].延边教育学院学报,2018,32(06):79-81.

用的是不同的教学手段,对教学形式加以丰富,避免英语跨文化交际教学过于单调。这样的方式可以调动学生的学习积极性,通过参与各项活动,学生的英语学习也变得更为主动,便于学生形成自主学习的意识。同时,学生的参与也能够不断锻炼他们的综合能力。

其次,高校英语多模态教学能够弥补传统单一的模态教学,从教学目标、教学内容出发,采用不同的教学方法,用直观的方式,让学生主动、积极地参与其中,提升他们对语言使用的效率,进而提升学生的综合运用能力。

(二)提升英语跨文化交际教学的质量和水平

高校英语多模态教学是将多种模态结合起来展开教学,将学生的各个感官调动起来,让学生对学习内容有清楚的理解,在同样的时间内,多感官要远远比单一的感官更容易理解与记忆。这从一定程度上大幅度提升了教学的效率和质量。

四、跨文化交际理论背景下高校英语多模态教学的应用策略

高校英语多模态教学作为一种新型模式,充满着活力。下面就来具体分析高校英语多模态教学的构建策略。

(一)充分发挥多媒体资源的优势

在高校英语教学中引入多媒体技术,是高校英语教学的一种变革手段。多模态教学强调调动学生的多种感官,从而满足高校英语教学的要求。多媒体课件正是这样的一种实现手段,其将文字、音频、视频等集合起来,便于调动学生的多种感官。当然,教师在制作多媒体课件时,需要进行多种准备,同时考虑不同的教学任务,对各种资料进行搜集与设计。

(二)建构高校英语多模态网络空间

随着网络技术不断进步,大数据技术也在不断革新,我们的校园网、校园论坛更加丰富,也被人们逐渐应用到教学中。所谓网络空间教学,

即教师通过网络平台与学生展开交流与互动。他们可以在网络上进行实名认证,从而促进师生之间展开交流。

外研在线是外研社数字化转型的核心载体。自诞生以来,外研在线依托北京外国语大学和外语教学与研究出版社的优质资源和品牌积淀,深度融合优质教学资源与先进科学技术,专注于为全学龄段用户提供专业、科学、高效的一站式智慧教育解决方案,构造了含内容、系统、场景、服务的业务系统和含课题、联盟、协会、社区、基地、标准的生态系统,产品与服务已覆盖全国31个省、市、自治区的1100余所高校和600余所职业院校和14000余所中小学,更多案例仍在持续增长中。

当进行高校英语网络空间教学之后,教师与学生之间可以突破时间、地点的障碍,他们可以在线进行问答,展开互动,这样不仅便于教师了解学生的学习情况,也能增进彼此之间的关系。

通过网络空间,教师也可以批改学生的作业。学生按照固定的时间提交自己的作业,然后教师进行批改与反馈,这不仅可以节约用纸,还可以让师生进行互动。

需要指明的是,网络空间要想发挥出应有的作用,首先必须让学生积极参与其中,学生需要登录系统完成学习和作业,教师要实时进行分析和阅读,从而评估学生的学习情况。

第四节 跨文化交际理论背景下高校英语课程思政教学的融入

一、课程思政理论与高校英语教学结合的意义

课程思政,指的是思想政治理论课和其他各类课程与思想政治理论课相辅相成,从而形成协同效应的一种教育教学理念。强调使专业课和思政课在同一频率上发挥协同作用,实现"三全育人",即实现全员、全过程、全过程的目标。习近平总书记在"立德树人"大会上提出,要坚持以"立人"为核心,将思想政治工作贯穿于教育教学的全过程,做到"全过程

育人,全方位育人",不断开创我国高等教育的新局面。所以,"课程思政"思想是一种把"立德树人"作为基本任务,把"培养什么样的人,怎样培养的人,为谁培养的人"作为其教育教学目的的一种思想。①

长期以来,高校英语教学中融入课程思政教学一直未得到应有的重视。在高校英语教学中,很多教师对于语法、词汇、结构等进行过多的讲解,学生学习的目的也多是进行必要的考试,从而顺利毕业,然后期待毕业后能找到适合自己的工作。这样的教学模式更多是教书功能的展现,而忽视了育人功能。简单来说,当前的高校英语教学过分注重知识的传授,但是忽视了让学生认识世界与中国发展的大势,也忽视了让学生树立共产主义远大理想与中国特色社会主义共同理想的信念。② 因此,在高校英语教学中,课程思政教学的融入有助于提升学生的思想素质与道德素质,有助于培养学生具备正确的价值观与人生观,使自己努力成为建设社会主义的接班人。

二、高校英语课程思政教学的目标

基于经济全球化的背景,中国提出了"一带一路"的倡议,这就要求中国应该努力培育出一批英语专业能力强、能够展开跨文化交际的全方位人才。《大学英语教学指南》(2020 版),对大学英语的"课程定位与性质"提出明确要求,大学英语教学应主动融入学校课程思政教学体系,使之在高等学校落实立德树人根本任务中发挥重要作用,要求将课程思政理念和内容有机融入课程。在英语课堂教学中,如何有效地将"课程思政"融入到教学中已成为英语教师关注的问题之一。要实现这一目标,就要在英语教学中实践"课程思政"的理念,坚持鲜明的育人导向。基于此,高校英语课程思政改革需要从如下几点着手。

(一)发扬中华文化精髓,培养大学生的文化自信

中华文化有着五千年的历史,到了今天,中华文化的价值理念一直为人类文明的进步提供重要启示。对中华优秀的传统文化进行研究与

---

① 习近平. 全国高校思想政治工作会议的讲话[N]. 人民日报,2016-12-09(1).
② 杨惠媛,赵建洪. 外语教学课程思政改革论文集[M]. 天津:天津大学出版社,2019.

传承，有助于树立对中华民族的文化自信。习近平总书记指出，没有高度的文化自信，没有文化的繁荣兴盛，就很难实现中华民族的伟大复兴。因此，高校英语课程思政建设需要融入文化自信，从而让学生逐渐树立对中华文化的自豪感。

（二）立足国际，胸怀理想

未来世界的竞争主要体现在国际人才上，能够从全球的角度对问题进行观察、处理等，是对未来国际人才的要求。随着世界一体化的推进，学生需要具备国际视野，这也是我国人才培养的一项重要目标。

当代大学生不仅需要具备爱国主义情操，还需要具备与国际接轨的能力，让自己逐渐成为具备多元价值观的公民。

（三）助推心理健康，构建完善人格

受功利主义的影响，传统的教育主要强调成绩，只有成绩好，学生才能树立自己的认同感，才能够得到教师、家长的认同。如果成绩不好，学生很容易产生抵触情绪，甚至出现挫败感。显然，自尊在学习中非常重要，有助于学生发挥主观能动性，只有具有明确的理想，才能够对自己的生活、学习安排处理得当，从而能够更好地处理好人际关系。高校英语课程思政教学就是要树立大学生的完善人格，从而帮助学生树立崇高理想，使大学生成为德才兼备的人才。

三、跨文化交际理论背景下高校英语课程思政教学的策略

（一）增强高校英语教师的"思政意识"

基于互联网技术，为了可以将课程思政融入高校英语教学，应该从教师的角度着眼，转变教师的教学观念，让教师认识到对高校学生展开思政教育的意义，不断提升教师的思想政治素养，构建一批具备高素质的英语教师团队。

作为课程思政理念的实施者，高校教师本身应该具备较高的思想政治素质，并且不断提升自身的思想政治教育的专业能力，为了提升这一

第四章 跨文化交际理论背景下高校英语教学模式的创新

能力,可以从如下几方面着眼。

第一,学校应该为教师提供这一层面的培训,让教师不断提升思政教学观念,让教师对思想政治课的教材进行研读,充分挖掘出英语这门课程与思想政治教育课程之间的关联性。同时,将国家对高校英语教学的要求传达给教师,让教师知道这一方针政策,并根据这一方针政策,制订相应的教学方案和策略。

第二,教师应该努力学习中华优秀传统文化知识,在英语课堂中引入中华优秀传统文化,从而将英语文化与优秀传统文化结合起来,提升学生对本土文化的自豪感。

第三,高校要不断对教师的课堂教学效果进行评比,鼓励落实思想政治课堂的政策,利用激励手段,促进教师认真钻研,从而为学生提供包含德育因素在内的高效课堂。

(二)丰富高校英语教材的"思政内容"

教材是高校英语课堂的一项重要资源,是教师们展开教学的一项重要辅助手段,是学生进行英语学习的重要材料。对教材内容的编排非常重要,不仅要思考学生英语学习的效率,还需要考虑在内容中渗透其他理念。为了不断提升高校英语课堂的思政功能,需要对高校英语教学的大纲进行调整,将思政元素融入其中,对教材内容加以丰富,将充满重要意义的思政要素与高校英语教材结合起来,在教材中凸显政治文化与中国良好的形象,从而在教学中帮助学生构建良好的社会主义核心价值观。[1]

在选择教材、安排课程的时候,教师需要将典型的政治、经济、文化元素融入其中,或者在英语练习中加入中西方文化交流的内容,通过中西方文化的对比与辨别,推进高校英语教学。例如,教师在为学生讲解西方传统节日的时候,可以先用英语介绍我们国家的一些节日,在具体教学中引入思想政治文化内容,促进学生不断对比中西方的节日,增强自身对本国节日文化的了解,增强自身的爱国主义情感。

---

[1] 国忠金. 高校数学课程的思政育人价值与实施途径探索[J]. 山东教育(高教),2020(09):33-34.

(三)完善英语教学"课程思政"的教育模式

首先,教师要努力提升自身的思政水平,在自身的英语课堂中融入思想政治的理念,从而让学生不断形成对我国社会主义核心价值观的认同。

其次,高校英语教师应该在实际工作中,培养学生的高尚道德素养,提高学生的人文水平,为学生树立正确的价值观。

最后,在高校英语教学中,要深入分析和研究课程思政,研究高校英语课程思政的创新路径,挖掘高校英语课程思政的要素,创新教学手段,掌握课程思政的融入方式,引导学生在英语学习中不断提升自身的语言水平,强化自身的爱国主义情怀,培养学生正确的人生观、价值观。

第五章　跨文化交际理论背景下高校英语教学中中华优秀传统文化的融入

中国作为人类四大文明古国之一,具有独特的地域环境,形成了独具特色的悠久历史和璀璨文化,是中华民族的摇篮。本章对跨文化交际理论背景下高校英语教学中中华优秀传统文化的融入展开分析。

第一节　中华优秀传统文化融入高校英语教学的意义

一、增强学生文化自信,提升跨文化交际能力

在课程思政的背景下,高校英语课堂是培养学生文化自信和提升学生跨文化交际能力的重要阵地。将中国优秀的文化融入课堂中,可以扩大学生的文化视野,在中西方文化碰撞过程中培养学生的思辨能力。世界上的文化不存在高低强弱之分,培养学生的文化自信,不是盲目的文化自信或者自卑,而是能够取长补短,不断进步。这是高校英语课堂的使命和责任,而在此过程中,学生既可以加深对本国文化的理解,增强文化自信,又能够提升自己的跨文化交际能力。

二、促进学生文化知识的表达能力

中国优秀的文化需要优秀的人才进行传承和传播,提升中国的国际影响力,让更多的人了解和学习中华优秀传统文化,提升学生的文化知识表达能力,是文化元素融入高校英语课堂的必要性。但是,在高校英语教学中,存在严重的"中华优秀传统文化失语"现象,学生很难用英语来表达中华优秀的文化内容,如传统节日、民俗、建筑、名胜古迹等,类似的情况限制了中华优秀传统文化的传播和发展。所以,培养学生的文化知识的表达能力刻不容缓,让高校学生能够利用英语表达中国优秀文化,能够真正拥有国际视野和文化素养,具有独立思考和表达的能力。

(一)有利于树立文化自信

学生身上肩负着向世界弘扬中华优秀传统文化的希望。中国文化博大精深,是世界文化宝库中不可缺少的一部分,而且各国文化与文化之间应该是互通互鉴的,但如今学生对西方文化中的节日文化、美食文化等深感兴趣,却较少主动探究我国的优秀传统节日风俗。

教师应该在英语课堂中导入中华优秀传统文化,帮助学生更加热爱与了解中华优秀传统文化,帮助学生在面对各种各样的西方文化冲击时,能够去其糟粕,取其精华,在了解西方文化的同时学习中国文化的外语表达,培养民族自豪感、建立文化自信。

(二)有利于培养跨文化交际能力

对于跨文化交际能力(Inter-cultural Communicative Competence)的定义不同的学者有不同的看法,大多认为它不单指语言能力,更包括交际能力、文化情感与反思能力。

跨文化交际的顺利进行需要交际者拥有不同的文化背景,有多元文化意识。胡文仲教授提到,"跨文化交际能力的培养并非一门或几门课程就能完成,它必须贯穿整个教学课程"。跨文化交际能力的培养是一个复杂的过程,所以在英语课堂中除了西方文化的学习还应该适时导入中华优秀传统文化。通过中华优秀传统文化的学习,学生的知识储备丰富,涉及的领域也不断得到拓展,不仅文化素养得到提升,也能流畅地使

第五章 跨文化交际理论背景下高校英语教学中中华优秀传统文化的融入

用英文表达中华优秀传统文化,跨文化交际能力将得到锻炼与提高,能够顺利流畅地完成跨文化交际。

(三)有利于讲好中国故事

习近平总书记指出:"要讲好中国故事,传播好中国声音。"青少年是中华民族未来的希望,让他们讲好中国故事是全体教师的责任与义务。要想讲好中国故事,首先必须加深学生对中华优秀传统文化的认识和理解,高校英语教师通过挖掘教材中合适的文本材料,在课堂中以各类视角、通过各种媒介不断地向学生展示从最基本的家乡文化到伟大的中华文明,使学生对中华优秀传统文化充满兴趣,有更深刻的文化认识与积累,能够在日后与外国友人的交谈中用准确合适的目的语向他们传播中国故事,从中国故事的倾听者转换为中国故事的传播者。

(四)有利于传承和弘扬优秀的传统文化

现如今,学生大多数时间都投入紧张的学习中,并且随着国家之间交流的日益频繁,各种各样的西方文化不断涌入,导致学生没有时间和机会学习我国优秀的传统文化,导致许多学生文化缺失,也导致我国优秀的传统文化得不到有效的传承和弘扬。高校英语教学中中华优秀传统文化的融入具有重要的意义,在实际的课堂教学过程中,教师根据教学的具体内容,合理地把一些中华优秀传统文化知识讲解给学生,可以有效地加深学生对中华优秀传统文化知识的了解,帮助学生更好地学习中华优秀传统文化知识,进而提高他们的文化认同感,从而有效地促使中华优秀传统文化得以弘扬和发展。

(五)有利于学生语言能力的提升

从目前英语教学的现状来看,教师教学的重点主要放在听力、阅读以及写作三部分,而对学生的英语口语表达的教学不重视,基本的教学内容也很少涉及。① 虽然目前一些学生掌握了大量的语法、词汇知识,并且具有一定的阅读储备,但是在口语交际方面是很薄弱的,往往会出

---

① 郑姝.探析英语口语教学及语言交际能力培养的有效途径[J].疯狂英语(教学版),2016(12):33-34.

现"哑巴英语"的现象。这样不仅不利于激发起学生的学习兴趣,长此以往还会降低学生学习英语的自信心,从而不利于学生的全面发展。传统文化与英语教学的有机结合有效地创新了英语教学的形式,促使英语教学形式的多元化,拓展了学生的知识层面,为他们的英语学习带来了新的体验,有效地调动了他们英语学习的积极性。同时,在日常教学中,教师强化中华优秀传统文化的渗透,帮助学生感知中西文化的差异,从而帮助他们找到更好的英语口语练习策略,进而有效地提高他们的口语表达能力。

三、体现中华传统文化对英语学习正迁移的价值

母语对第二语言的学习存在正、负迁移的影响。"英语学习活动观"指出认知是一个从学习理解到实践应用,再到迁移创新的过程。因此,高校英语教学中,学生学习了英语技能、知识和西方文化之后,在实践应用中加入中华优秀传统文化因素,就是一种学习的迁移创新。在英语课程体系中融入中华优秀传统文化可以极大地丰富教学资源,拓宽英语应用的外延,加深其文化内涵,提高其语用价值,从而实现母语文化对英语教学"正迁移"的影响。

第二节 高校英语跨文化交际教学中的"中华文化失语"现象

"中国文化失语"现象是由南京高校的教授从丛在提出的。2000 年他在《光明日报》上发表了题为《"中国文化失语":我国英语教学的缺陷》的文章,首次使用了"中国文化失语"的概念。在这篇文章中,他的观点主要可以总结为以下几个方面。[1]

---

[1] 魏朝夕. 大学英语文化主题教学探索与实践[M]. 北京:中国农业科学技术出版社, 2010:194-195.

第五章　跨文化交际理论背景下高校英语教学中中华优秀传统文化的融入

(1)"中国文化失语症"是我国基础英语教学的一大缺陷,并呼吁"把中国文化的英语表达教育贯穿到各层次英语教学之中",藉此"系统引入和加强中国文化教育",这既是成功地开展跨文化交流的需要,也是全球化大趋势下文化互补与融合的时代需求。

(2)"由于以往英语教学西方文化含量的缺乏,导致了我们在国际交往中的多层面交流障碍(主要是'理解障碍'),那么英语教学中,中国文化含量几近于空白的状况,对于国际交流的负面影响则更为严重"。

(3)"交际行为都是'双向'的","跨文化交流决不能仅局限于对交流对象的'理解'方面,而且还有与交际对象的'文化共享'和对交际对象的'文化影响'方面,在某些情况下,后两者对于成功交际则更为重要"。

随后,很多学者开始对如何进行中国的跨文化教育进行研究。例如,孙玲玲与莫海文在《对高校英语文化教学的再思考》中谈到了文化教学中主体文化的缺失;曾郁林与蒋三三在《从香港语言教学经验看英语跨文化教学缺陷》一文中以香港语言教学为起点,从建构主义的角度对英语跨文化教学进行分析研究。作者认为,在跨文化的学习中,只有理解了本民族的文化,才能对异域文化有更好的认识与理解;只有了洞察异域文化,才能对本民族文化有一个更加深入的理解。

在中国学生学习外语时,他们的母语系统已基本确立,母语思维习惯也已形成,根据行为主义学习理论,原有的习惯会对新习惯的养成产生影响,因此在外语中,根植于大脑的母语文化会对外语学习的顺利进行产生影响,即迁移作用。当母语文化有助于外语学习时,就会产生正迁移,当母语文化干扰外语学习时,就会产生负迁移。通常而言,外语学习来讲,根植于大脑中的母语文化会对外语学习的顺利进行产生干扰作用,如"中式英语"以及跨文化交际中的语用失误等都是源于母语文化对外语学习和交际中产生的负迁移作用。因母语文化的负迁移作用,在学习外语的过程中学习者需要付出更多的努力。对此,为了提高外语学习效果,首先需要充分了解母语文化在外语学习中的负迁移作用,然后采用相应的方法克服负迁移作用的影响。

在英语教学中,中华优秀传统文化教育仍比较缺失,学生对于中华优秀传统文化的了解仅限于教材中出现的 the Spring Festival, Beijing Opera, paper cutting 等词汇。学生用英语传播中华优秀传统文化的水平相当欠缺,这成为基础英语教学的一大缺陷。要克服上述缺陷,就必须把中华优秀传统文化的英语表达教育渗透到各层次英语教学中,使国人的英语水平、对西方文化的了解以及用英语表达中华优秀传统文化的水平呈同步增长之势。唯有如此,我们才能在跨文化交流中具有坚实的文化主体性和操守。

一、中华优秀传统文化融入高校英语教学的现状

(一)英语教材文化内容缺失

翻阅高校英语教材可以发现,教材内容更多的是以学习目的语而设计,会涉及很多目的语国家的文化知识,教材设计的目的是学好一门语言,需要充分透彻地理解一门语言背后的文化内涵。例如,我们学习用英语点餐,会用英语学习西方的餐桌文化、西方的餐饮习惯和西方的美食词汇。我们学习旅行指路相关的英语知识,在教材中会看到西方国家的著名旅游景点、名胜古迹等。这样的情况在很多教材中都有所体现,这使得学生对国外文化的了解可能会超过本国文化,造成了本国文化失语现象,阻碍了学生学习多元的文化信息。本国文化在教材中缺失的情况,使得我们的学生在对自己国家文化内容的表达上非常欠缺,学生在书上并没有看到非常地道的表达自己国家文化的内容,而教师也由于书本上没有这样的内容,而没有及时补充相关的知识,久而久之,提升学生文化素养的使命便越来越艰难。

(二)高校英语课堂人文性功能不足

高校英语课堂人文性功能发挥不足,英语学习依然是强调对语言本身技能的训练,从而忽视了语言学习培养学生文化素养和良好品质的功能。高校较为重视课堂对专业技能的提升,以服务学生就业为目的而设计课程内容。通常在学习英语方面,高校希望学生通过英语等级考试如大学四六级考试,具有较强的就业竞争力,重视语言学习的工具性,导致忽视语言课堂的人文作用。很多学生即使通过了考试,对中华优秀传统文化的表达依然非常欠缺。例如,中国美食、旅游风景、建筑、节日、习俗等方面的表达。学好语言知识和技能是学习一门外语的基础,但是语言

第五章　跨文化交际理论背景下高校英语教学中中华优秀传统文化的融入

学习的目的也是了解更广阔的世界,加强跨文化知识的学习,能够讲述好自己国家的文化,传播中国故事。

(三)教师和学生文化素养有待提升

当前,教师和学生的文化素养都有待提升。对于教师,作为高校英语课堂传授文化知识的灵魂人物,很多教师自己并没有非常了解中华优秀传统文化知识,也就是他们自身的文化素养存在不足。很多非常地道的表达方式,或者丰富多彩的文化知识,教师并不是非常了解,这使得教师在备课阶段或者英语课堂上并不能及时地补充恰当的中华优秀传统文化知识。而新时代的学生,每时每刻都在接收互联网上纷杂庞大的信息冲击,他们有很多种方式和手段了解国外的文化,包括动漫、音乐、电影、小说、短视频等。这样的情况使学生加深了对外国文化的了解,可能会造成学生盲目地喜爱西方文化,丧失了对中华优秀传统文化的学习兴趣,并且对本国文化产生了不自信的情况。另外,很多高校学生的英语基础薄弱,用英语来表达中华优秀传统文化就更加困难。如何顺势而为,利用庞大的网络资源使学生增加学习中华优秀传统文化的兴趣也是值得思考的事情。

(四)传统教学评价模式降低学生学习文化知识的兴趣

很多高校英语教学评价依然遵循传统的教学评价模式,即通过期中期末考试来评定学生一年的学习情况,而考试试卷通常是以考查学生基础英语技能为主,即听、说、读、写、译等几个方面。也就是说,英语学习的重点依然是语言知识的输入,学生从小到大经历了很多次类似的考试方式。这样的考核模式使教师在课堂中的上课内容有所侧重,没有文化考核内容,教师可能会减少或者不重视文化知识的传授,忽视了英语课堂的人文性和教育性的功能。学生也是面临同样的问题,如果课堂评价不涉及文化考核内容,很多学生学习英语可能只是为了拿到学分或者应付期末考试,那么学生学习文化知识的兴趣会大大降低,也会造成学生忽视对母语文化的学习,丧失文化自信。

二、中华优秀传统文化教育缺失的成因

(一) 教材的缺失

随着多轮课改的推进，英语教学逐渐聚焦学生的"核心素养"，而"文化意识"是其中的重要内容。因此，在英语教材的编写和修订中已经逐步增加"中华优秀传统文化"的内容。但由于英语学科更多承载的是西方文化，这样的学科特点给中华优秀传统文化的融入造成了困难。目前，英语教材中中华优秀传统文化的内容比重仍然较低，不足以满足"用英语讲好中华优秀传统文化"的教学需求。

(二) 教学的缺失

研究表明，学生对中华优秀传统文化感兴趣并乐意学习。然而在现实教学中，教师缺乏将中华优秀传统文化融入英语教学的意识，他们更多地关注英语学科的工具性，忽略了其人文性，更注重语言知识和技能的教学，忽略了文化意识的培养。此外，由于应试压力，教学中很难有时间和空间关联教材之外的内容。因此，在当前整个英语教学生态中，中华优秀传统文化的存在感不强，教学情况不容乐观。

(三) 评价的缺失

考试是教学评价的重要方式，起到促教、促学的作用，可以在一定程度上改变教学方式和教学内容。近几年，随着国家对中华优秀传统文化教育的重视，高考等考试中对其考查频率不断提高，考查视角逐年拓宽。

(四) 生活的缺失

随着现代社会的发展，外来文化的冲击，加上中华优秀传统文化教育的不足，使得我们在平时的生活和学习中，接触传统文化的机会越来越少。而英语是我们的第二语言，教学中、生活中本就缺少真实的应用语境。因此，英语教学和中华优秀传统文化的融合必定存在难度。

第三节 高校英语跨文化交际教学中"中华文化失语"的改善策略

文化作为语言的底座，使用语言进行交际，必然要涉及语言背后蕴含的各种文化知识，这就要求高校英语教师在课堂上有意识地采取多种有效教学方法向学生传授文化知识。为了增强学生的跨文化交际意识与能力，消除"中华文化失语"现象，下面将具体阐述如何在英语课堂上导入中国文化。

一、在英语课堂上充分导入中华优秀传统文化

（一）遵循适度与循序渐进原则，使语言教学与文化教学相互融合、相辅相成

语言是某一民族文化的表现形式，不了解该民族的文化就学不好该民族的语言。只注重语言形式和结构的英语教学，这种背景下教出来的学生能够很好地完成各种专项语言测试，但会缺乏使用目的语进行跨文化交际的能力。课堂教学不管是偏重语言还是文化知识的教授，都无法发挥另一者的优势，因此教师要注意平衡二者在课堂教学中的比例，使语言教学与文化教学相互融合、相辅相成。

教师在教授听、说、读、写、译类型的语言技能课程时，文化内容的选择需要根据课本内容来决定。英语教师在日常备课的过程中需要仔细筛选与课本内容相关度高的内容，保证课堂的顺滑度与完整性，并且需要合理控制时间，如果教授文化的时间比较长，很可能会导致本节课预设的教学目标无法达成。例如，在讲解"回归校园"的主题内容时，教师可以先让学生分组讨论自己学校的不同方面并做好记录以收集各种信息，接着教师可以向同学们展示中国书法俱乐部手册的例子并请同学们观察、探讨一个宣传手册由哪几部分组成，这时教师就可以顺势向同学

们介绍关于中国书法的一些基本信息,以讲故事的形式让他们了解中国古老的汉字艺术。但是教师需要注意不要占用太多的时间来介绍中国书法,该部分的讲课中心应该是"如何制作宣传手册"。

教师在进行文化内容选择时不宜过易或过难。学生个体的身心发展具有一定的顺序,这就要求教师必须适应学生身心发展的顺序,做到由浅入深、由易到难、由具体到抽象、由低级到高级。教师所导入的文化内容应该与学习者的接受水平和已有的文化水平相匹配。如果一开始就向学生介绍复杂的中医知识、历史知识、宗教文化等知识,学生不仅觉得难以接受、枯燥乏味,还会慢慢失去学习文化的兴趣与耐心。开始阶段,英语教师可以导入一些简单基础的、与学生日常生活相关的节日或饮食文化知识吸引学生的注意力。

(二)注重中华优秀文化输入,挖掘教材进行中西文化对比教学

不了解双方的文化异同,交际双方就很难做到真正有效的交流,甚至会导致交际失误或失败,所以了解彼此的文化是成功交际的前提。今天的英语教学不仅要教授学生目的语文化,还要教授中华优秀文化知识,以提高学生的母语文化素养,改善学生的"中华文化失语"现象,让学生能够在跨文化交际中向外传播中华优秀传统文化。

教师可以以教材为依托,首先仔细翻读教材,深入挖掘教材,对教材的资源进行拓展与丰富,在课堂上能够做到深入浅出地讲解文化知识。教师可以找出有文化差异的主题、单词、语句等了解其背后蕴含的文化意义,让学生在对比这些单词与语句中了解中西方文化的差异,既可以提高学生学习英语的兴趣,又能拓宽学生的视野。例如,在讲解"节日与习俗"时,在介绍教材中有关西方圣诞节的内容时,教师可以导入我国传统节日春节的内容。西方圣诞节吃火鸡,家里放圣诞树,亲朋好友互送的新年礼物放在圣诞树下;中国春节吃饺子,家里贴对联、窗花,长辈会给晚辈发压岁红包。

有对比才能有比较、有鉴别,将中西文化对比学习有利于学生掌握文化差异,促进跨文化交际的顺利进行,使得中华优秀传统文化能在世界范围内得到有效的传播,在进行对比教学的过程中教师要始终保持客观与理性。

（三）深度挖掘教材中的中华优秀传统文化元素，补充课程资源

教材是高校英语课堂教学内容的核心和基础，教师依靠教材的内容备课，组织教学内容并教授给学生，学生则从教材中获取最基础的语言知识。一本优秀的教材中，不应该仅有介绍优秀的西方文化知识的内容，也应该有介绍中华优秀传统文化的知识，以及跨文化交际的内容。让学生不但能够学到原汁原味的语言知识，了解西方的先进文化，同时也能够了解中国灿烂的文明，增强学生的文化自信，有针对性地培养学生的跨文化交际思维，辩证地看待文化的不同，传播本国文化，真正地让中华优秀传统文化走出去。但一本纸质教材的内容，无论再丰富，总是有内容篇幅的限制，无法将所有恰当的文化元素都体现在纸质书面上。这就需要高校英语教师有较高的敏感度，充分了解整本教材的内容，并能够根据教学单元的内容，寻找适合的文化点，恰当地融入中华优秀传统文化元素，既能达到语言输入的目的，也能让学生在课堂了解中华优秀传统文化知识。例如，学习"食物"方面的英语知识时，教师可以挖掘中国传统美食，将中西方饮食文化进行对比。教师也可利用信息化时代的数字资源，如公众号的各种资源、中国日报，以及各种视频、音频等资源，进行分类筛选，建立资源库，组织编写活页式教材，并不断补充新的内容。

中华优秀传统文化不但包括优秀的传统文化，也有丰富的地域文化。教师可以根据地域特色、学生的兴趣等方面，恰当地选取适合的地域文化内容教授给学生。一方面，可以贴近学生的生活，增加学生的学习兴趣；另一方面，可以增强学生对本土地域文化的了解，提升文化自信。比如，以浙江地区为例，可以把浙江特色饮食、西湖、建筑、戏曲、丝绸等元素融入课堂。另外，中华优秀传统文化是不断更新、不断发展的，所以教材中的文化内容不仅要涵盖中华优秀传统文化，也要与时俱进，结合时事热点内容，弘扬中国先进的科技文化、生态文化。并且由于授课对象是高校院校的学生，所以要针对性地培养学生大国工匠精神，创新精神，培养学生具有国际视野，能够在"一带一路"倡议下培养更多的人才。

（四）改变课堂评价模式，以提升学生文化素养为导向

传统的高校英语评价考核依然是对学生语言知识掌握的考核，对学

生文化素养方面的考核是一个需要突破的难点。传统的考核模式降低了学生对学习中华优秀传统文化知识的兴趣,也导致了教师在教学中对学习中华优秀传统文化知识的忽视,限制了学校对学生的人文素养的培育。[①] 在考核中增加对中华优秀传统文化知识和跨文化知识的考核,增加对学生文化素养的考核,能够激发师生在英语学习中的积极性。

教师以及课程组需要思考的是考核的内容以及考核比例。在内容上,可以在考核单词、句子、翻译、阅读等方面,适当增加关于中华优秀传统文化和新时代文化的内容考核;注重对学生人文素养的培育,可以考核学生有关中华优秀传统文化口语方面的内容。另外,倡导以培养学生人文素养为导向的考核方式,注重学生的过程性评价,结合信息化手段。例如,利用超星平台等线上平台,通过互相评价、教师评价、自我评价、研讨辩论等多元化的评价方式,综合考量学生的文化知识和素养的培育情况。

中国有着优秀灿烂的文化,新时代的人才有着责任和使命去传承优秀文化,发扬传统文化。高校的英语教学应兼具工具性和人文性,将中国优秀文化融入课堂中,培养学生的国际视野和跨文化意识,提高学生的人文素养,引导学生坚定文化自信,树立正确的文化价值观,努力学习文化知识,将中华优秀传统文化发扬光大。

(五)充分利用英语课堂开展文化活动

传统文化在英语教学的融入,仅仅依靠理论知识的讲解是不够的,还需要教师在课堂上开展多种多样的教学活动。这样不仅可以有效地创新中华优秀传统文化的融入形式,激发学生的学习热情,而且还可以有效地提高英语课堂教学的效果。但是就目前英语课堂中中华优秀传统文化的融入形势来看,一些教师过于重视理论性的融入,而不善于开展丰富多彩的活动,导致许多学生缺乏学习的积极性,从而影响了中华优秀传统文化在课堂融入的效果。

因此,在开展英语教学时,教师要根据具体的教学内容以及课堂的具体目标,开展多种多样的课堂活动,通过课堂活动把中华优秀传统文化融入教学之中,有效地调动学生的学习兴趣,进而提高中华优秀传统

---

① 王晓洁. 大学生中华优秀传统文化教育现状调查及对策研究[D]. 兰州:西北民族大学,2019.

文化的教学效果。例如,在中华优秀传统文化来临之际,结合教学的具体内容,教师可以开展以传统文化为主题的学生竞赛活动,如唐诗朗诵英文版竞赛活动,邀请学生用英语朗读包含传统文化的唐诗,教师和学生作为评委,选出优秀的作品,并给予一定的奖励。又如,教师也可以开展中华优秀传统文化故事的英文版角色扮演表演活动。这样不仅可以把传统文化知识有效地渗透给学生,加深学生的文化意识,而且可以有效地锻炼学生的英语表达能力。

二、在英语教学中渗透中华优秀传统文化

(一)充分挖掘教材传统文化因素素材

英语教材设计的知识比较多,有很大一部分介绍了西方文化的知识,教师在实际的英语教学中要充分挖掘这一部分的知识,对其内容进行拓展,有效地把中华优秀传统文化知识介绍给学生,并通过对比讲解法帮助学生了解中西文化的差异,如此不仅可以加深学生对传统文化的了解,而且可以激发学生的学习兴趣,丰富学生的文化储备。同时,英语课本中还蕴含着传统文化的内容,教师深入地挖掘这些内容,并适当地进行拓展,可以帮助学生了解传统文化的意义,以更好地弘扬和传承传统文化。例如,有关 festivals and celebrations 这一单元的教学,在教学的开始,教师就可以利用多媒体视频,为学生播放春节各地的庆祝视频,并利用视频给学生拓展一些在春节时中国各地的一些风俗习惯。通过这样的导入形式,不仅可以为学生营造好的学习氛围,激发起学生对本节课的学习兴趣,而且可以帮助学生更好地了解春节文化,提高学生的文化修养。

一方面,可以补充和教材中素材相关联的中华优秀传统文化,进行中西文化互鉴;另一方面,可以进一步挖掘教材中出现的中华优秀传统文化的内容,使其成为课堂教学的有效补充,拓宽学生的知识面,丰富学习资源。例如,牛津英语教材中出现了不少中华优秀传统文化相关话题:the Dragon Boat Festival,Giant panda,Chinesekites,the Great Wall 等,对这些内容进行深入挖掘,创新迁移,可以开发出很多新的教育资源。

(二)在英语教学中融入中华优秀传统文化

中华优秀传统文化在英语教学中的融入,教师应将其与日常教学进行密切结合,所以教师可以尝试从阅读教学、写作教学和口语交际教学等方面,强化中华优秀传统文化的渗透效果。

1. 在阅读教学中融入中华优秀传统文化

近年来,虽然中华优秀传统文化在英语教学中的融入成了必然趋势,但从英语教材的编写来看,其中涉及的中华优秀传统文化的相关知识较少,导致学生即使进行了较长时间的英语学习,依然不能利用英语进行中华优秀传统文化的表达。在英语阅读教学的开展过程中,教师可以向学生展示一些与中华优秀传统文化相关的英语文章,同时也可以对中华优秀传统文化相关的用词进行补充。另外,中华优秀传统文化与阅读教学进行结合的过程中,教师可以设计一些问题,让学生在有效的思考过程中,对英语文章中的句式以及用法较好的句子进行理解与记忆,这不仅能够不断丰富学生的英语知识储备,还能够为学生英语阅读能力和写作能力的提高奠定基础。

阅读是大量信息输入、学生主动认知与思维的过程,能巩固语言知识、拓宽视野、提高文化素养、锻炼思辨能力。很多英语教材中缺乏中华优秀传统文化的阅读素材,教师要在阅读教学中渗透中华优秀传统文化,进一步开发与完善课程资源。

一方面,可以进行话题相关"多文本拓展阅读"教学。基于教材挖掘中华优秀传统文化因素,补充阅读材料。要精选或精编难易适中、语言规范、优质的素材,使学生了解更多的文化知识、提升阅读技能。例如,教学 8B Unit 5 *Good manners* 时,学习了西方礼仪之后,给学生补充 Chinese table manners 等中华优秀传统文化主题任务型阅读材料。另一方面,应鼓励学生进行有关中华优秀传统文化的英语课外阅读。可以向学生推荐阅读书目、报刊、网站、公众号等资源,如《英语戏剧读本》《用英语介绍中华优秀传统文化》、21 世纪英文报、bilibili 网站等。可布置如写读后感、读后续写、记"阅读日志"、阅读分享等反馈任务。教师要有意识地引导学生在阅读过程中进行中西文化的比较互鉴,使学生正确看待文化差异,形成正确的文化观和坚定的民族文化自信。

第五章　跨文化交际理论背景下高校英语教学中中华优秀传统文化的融入

2. 英语写作教学中融入中华优秀传统文化

目前,基于教材的英语写作教学中很少接触中华优秀传统文化,学生久而久之就会形成"中华优秀传统文化失语症"。开展基于中华优秀传统文化的英语写作教学,可以丰富教学内涵、激发学习兴趣和文化自豪感、提高写作技能。传统文化主题写作促使学生自主地查阅资料、运用英语知识和技能,达成了"用英语讲好中华优秀传统文化、中国故事"的教学目标,实现了"在实践中迁移创新"的能力培养要求。在实际教学中,教师要坚定理念、善于发现、大胆创新、敢于尝试,将中华优秀传统文化写作作为常态化教学活动,不断提高学生的文化和语言素养。例如,以 Keep Oilpaper Umbrella Alive,My family rules,Chinese idioms—Plugging Ears While Stealing a Bell 等主题开展写作教学。

写作教学是英语教学的重要课型,在英语教学中有十分重要的作用,所以教师在写作教学的过程中,也可以尝试将中华优秀传统文化融入其中。中华优秀传统文化与英语教学的结合,并不是为了让学生排斥西方的文化,而是让学生在掌握西方文化知识的同时,进一步深化学生对我国优秀传统文化的理解与掌握,并增强学生的文化自信。教师在设计英语写作题目的过程中,应对中华优秀传统文化进行充分考虑,这样学生在进行对应写作的过程中,能够对自身的文化进行反思,并逐渐对中华优秀传统文化形成更多感悟,达到对文化的情感升华目的。在具体的写作训练中,教师应积极引入创新的教学形式,以促进学生对语言知识的持续积累。此外,对于学生喜欢的中文文章,教师还可以鼓励学生以英语来翻译,以此来提升学生英语翻译的水平。

3. 英语口语交际教学中融入中华优秀传统文化

口语交际是英语技能在真实情境中应用的重要体现。教师要积极开发课程资源,努力创设教学条件,在口语交际教学中渗透中华优秀传统文化。例如,将《狐假虎威》《孟母三迁》《亡羊补牢》等文化经典故事开发成口语交际的课程资源,以讲故事、课本剧等形式,让学生在真实情境中感悟中华优秀传统文化的哲理,同时不断提升英语口语交际能力。在 Daily report 活动中融入中华优秀传统文化也是有效的教学策略。学生接受任务后,需自主进行计划、选材、构思、撰写、口语练习、PPT 制作等系列学习活动,这极大地促进了学生综合语言运用能力的提升。Daily report 的活动资源很丰富,如中国谚语、成语、神话、故事、特色小吃、传统技艺、传统节日、风俗习惯等。

  口语教学是输出教学环节,是表达学生对传统文化认识的重要途径。为此,在实际教学中,教师除了应在平时教学中加强中华优秀传统文化的输入之外,还应借助口语教学环节,为学生创设与中华优秀传统文化相关的对话场景,让学生在情景体验的过程中,进一步深化学生对中华优秀传统文化的认识,并促进学生口语表达能力的提高。例如,春节、中秋节、端午节等都是中华优秀传统文化节日,教师可以围绕这些节日来创设中华优秀传统文化节日情景,让学生根据传统节日的习俗、节日来源以及个人对节日的观点等进行对话。通过丰富对话内容的设定,学生口语表达的水平有了明显提高,英语学习兴趣也随之提高,这样学生在更为简单、有效的英语学习过程中,课堂学习效率随之提高。

(三)在英语课后活动中融入中华优秀传统文化

  中华优秀传统文化是中华民族的文化瑰宝,教育承载了其传承和发扬的使命。英语教学中坚持弘扬中华优秀传统文化,注重中华文明和西方文明互鉴,激发学生对中华优秀传统文化的学习热情。培养其用英语讲好中华优秀传统文化的意识和能力,应成为英语教学中重点研究和实践的课题。

  中华优秀传统文化的融入工作不应该局限于课堂中,还应该在课堂之外进行有效的融入,这就需要英语教师开展多种多样的实践活动,通过实践让学生更多地了解传统文化知识,增加自身传统文化的认同感,从而有效地提高学生的文化素养。因此,为了更好地把中华优秀传统文化融入英语教学之中,教师要在丰富课堂教学之余,开展多种多样的实践活动。例如,教师把学生分小组,让学生以小组的形式进行历史故事、名胜古迹的实地调查活动,在调查完毕之后,引导学生用英文写调查报告以及新的体验。通过这样的实践活动,不仅提高了学生的文化知识,而且提高了学生的英语学习能力。

  总之,在中华优秀传统文化严重缺失的今天,英语教师有效地把中华优秀传统文化与英语教学有机结合具有重要的意义,它不仅可以丰富学生的英语教学形式,激发起学生的英语学习兴趣,提高英语课堂教学的效果,而且可以加深学生对中华优秀传统文化的理解,有效地增强他们的文化意识和文化素养。因此,在开展英语教学时教师要注重自身文化素养的提升,深入地挖掘课本中的中华优秀传统文化知识,积极地把中华优秀传统文化融入教学的整个过程,同时开展中华优秀传统文化相关的实践活动,通过活动提高学生的英语学习能力和文化认知能力。

三、提升教师传播中华优秀传统文化的能力

(一)形成国际化视野和多元文化价值观,尊重文化差异

在传播文化之前,英语教师首先要有国际化视野和多元文化价值观,尊重不同文化之间的差异(如思维方式、价值观念、风俗习惯、宗教和法律、审美心理等方面的差异),尊重其他民族的感情,尽量摒弃自己原有负面的刻板印象,"唤醒"跨文化的自我,这是成功进行跨文化传播的前提。

要保证文化传播的有效性,英语教师要在尊重文化差异的基础上,主动了解对方文化的特点,调整文化传播的方式和策略,增强中华优秀传统文化与对方文化的共享性,以保证中华优秀传统文化更有效地传播,否则在文化传播过程中可能会遇到障碍。

那么如何形成国际化视野和多元文化价值观呢?英语教师可以通过阅读民俗学、地理文化方面的书籍杂志,观看民俗方面的纪录片等方式了解其他文化的价值观;通过旅行等方式在实践中记录自己与其他文化群体的人进行交往的经历,反思自己遇到的文化冲突,看是否做到了相互尊重和欣赏;通过观看电视、电影等对其他文化的呈现和介绍,看自己是否比较辩证地认识到了其他文化的优点和缺点,同时也思考媒体对其他文化的呈现是否客观;逐步养成理性的"延迟判断",即利用时间的推迟来避免情绪干扰和主观判断,以便进行更为理性的审视;以积极、开放的心态对待中华优秀传统文化;多换位思考等。

(二)减少跨文化传播中可能出现的文化损耗

文化损耗,又叫"文化折扣",是指某一文化内容在被翻译转换成另一种文化符号来传播时所造成的内容减少或改变。英语教师所传播的中华优秀传统文化与接受者所代表的文化是不同的,而且接受者的英语水平

往往还不足以完整、准确地理解中华优秀传统文化,因此有相当比例的中华优秀传统文化是通过翻译的方式进行间接传播的。在这一过程中,由于翻译是一种人为的文化干预,所要传播的中华优秀传统文化内容会在翻译和解码的过程中出现损耗,因此会造成所要传播的中华优秀传统文化内容与接受者感受到的中华优秀传统文化内容不对称。如果接受者能够正确理解,则传播是有效的;如果接受者不能理解,或者出现误解,则传播是无效的,甚至效果适得其反。

那么如何最大限度地减少这种因为翻译而造成的文化损耗呢?就是让传播内容和接受者处在同一文化环境中,即要么处在中华优秀传统文化环境中,要么处在接受者所代表的文化环境中。基于此,英语教师有两条路径可以最大限度地减少文化损耗。第一条是让接受者的英语水平达到理解中华优秀传统文化的程度。这条路径比较难,因为接受者不仅有学生,还有学生家长、社区民众、当地同事等可能连一句英语都不懂的个体。第二条是英语教师让传播内容和接受者处于同一文化环境中,以便接受者直接理解。这条路径对英语教师要求很高,英语教师除了要精通接受者的母语以外,还要先体验、接受他们的文化,尤其是在中华优秀传统文化与对方文化差异较大的地方,英语教师要从接受者的角度出发,站在接受者的文化立场上来阐述和理解中华优秀传统文化,增强两种文化之间的接近性,提升它们的近似度,这样既能保留中华优秀传统文化,也能减少文化损耗,提升接受者的感知度、理解度和接受度。

英语教师还可以以超文本链接的方式或提前发放背景资料的方式,力图使中华优秀传统文化在传播过程中尽可能地减少损耗,甚至能保值和增量。比如,呈现中华优秀传统文化的符号"长城",接受者往往可能会将其理解为一种"墙",有封闭、隔绝的意味,而文化交流是需要沟通、联系、开放、探索的,如果加一个链接或背景说明,就有可能消除这类误解,在一定程度上减少文化损耗。

(三)遵守理性原则,坚定文化自信和自尊,做到文化自觉

客观来讲,从事中华优秀传统文化传播的英语教师大多数是中国人。在向世界展示和传播中国优秀文化时,英语教师要有文化自信,要表现出自己的热爱。在面对接受者所代表的文化时,英语教师更要根植于自己的中华优秀传统文化特征,坚定文化自信和自尊,认清文化发展的差距,

第五章　跨文化交际理论背景下高校英语教学中中华优秀传统文化的融入

勇于展示和敢于交流。

这里的"坚定文化自信和自尊",并不是要固守中华优秀传统文化的一切,也不只是基于工作需要进行合乎目的性的呈现,而是理性客观,坚信自己文化的优点,避免自大和自闭,也承认自己文化的弱势,但不自卑和盲从,而是开放自身,虚心去倾听和了解接受者对自己文化的评论和反馈。无论是优点还是缺点,英语教师都要明白其来龙去脉和发展趋向,持不卑不亢的态度,遵守理性原则,尊重对方的文化,以一种平等交流的态度进行文化传播。

文化自觉是指自觉认识到各种文化的价值、意义和弱势,体现不同文化间的平等、交流、互补和发展。英语教师在传播中华优秀传统文化的过程中也要做到文化自觉,既不能自高自大,表现出民族中心主义,也不能妄自菲薄,觉得自己文化各方面的发展程度都不如对方文化,要秉承"和而不同"的理念,自主、平和地进行跨文化传播。

总之,英语教师要有一种文化传播的责任感,遵守理性原则,坚信中华优秀传统文化的优点和特色,在充分了解接受者思维方式和风俗习惯的基础上深入探索文化传播的途径、方法、手段、技巧等,以恰当的方式进行传播。

(四)掌握文化传播的具体策略

英语教师可以积极了解和掌握一些文化传播的具体策略,如文化共性策略、国际化表述策略、本土化策略、陌生化策略等,以提升自己的文化传播能力,促进中华优秀传统文化的传播。

1. 文化共性策略

文化共性策略是指英语教师在传播中华优秀传统文化时要淡化中华优秀传统文化与接受者所属文化之间的差异,积极寻找两种文化中的共同点和契合点,如爱情、亲情、友情、善良、家庭、坚强、勇敢、奋斗、好奇、探险、社会民生、自然环保、关怀弱势群体、追求公平正义、普通人的积极进取心等这些永恒话题,让接受者觉得所传播的内容在自己的文化中也有,跟自己有关联,而且可以对比自己文化中相应的内容进行学习,从而更容易接受和理解。

从传播学的角度来看,在跨文化传播过程中,接受者会倾向于选择了解甚至接受一些与自身经验或文化相近的内容。人类生活的共同本质使各种文化具有一定程度的相似性和共通性，中华优秀传统文化中同样包含着能够被其他文化认同和接受的主题和元素。英语教师可以先了解接受其他文化的文化习俗、文化价值观等基本文化信息，再结合中华优秀传统文化中类似的文化特征和行为，寻找两种文化交流的历史和现实，确定所要传播的文化内容，在此基础上，结合中华优秀传统文化中具有地域性、民族性特色的内容（如建筑、服饰、礼仪、艺术、风俗人情等），形成典型的既有民族特色又有文化相似性和共通性的题材内容，引起接受者的共鸣，从而提高文化传播的有效性。

2. 国际化表述策略

国际化表述策略是指英语教师对所要传播的中华优秀传统文化内容进行编码时尽可能采用世界性符号，简单地说就是"民族化的内容，国际化的表述"或者"用国际语言讲述中国故事"。跨文化传播的关键在于接受者能否对接收到的信号或符号系统进行解码并正确理解。如果采用世界性符号（如图片、音乐、生活视频、纪录片、电影等）来编码具有中国特色的文化内容，接受者更容易识别、解读，并进行深层理解，尤其是生活视频、纪录片和电影，有画面、镜头、色彩、语言等大量文化信息，能提高文化传播的直观性和效率，这种形式更容易被世界各地的接受者所感知、理解和接受，进而使他们对中华优秀传统文化产生兴趣，否则接受者可能难以明白其意义，尤其是像中华优秀传统文化这类高语境文化。国际化表述策略成功运用的典型例子是国际版的《故宫》纪录片。

当然并不是说要把中华优秀传统文化全部进行国际化编码，用于传播的中华优秀传统文化最好既有国际化编码和表述，也有民族特色的本土化编码和表述。那些有中华民族特色的诗词、民歌、书法、国画、戏剧、音乐、建筑等，就可以用中国符号与世界性符号相结合的方式进行传播。比如，对诗歌的传播，既可以通过吟诵的方式，也能以翻译的方式呈现，甚至可以用音乐的形式来传播。再如，传播中国古典音乐，可以先用接受者母语进行相关主题的介绍，再播放原声的音乐等。总之，采用多种形式，将传统文化推向世界，让接受者从各个角度全面了解中华优秀传统文化，提高文化传播效果。

3. 本土化策略

本土化策略是指将中华优秀传统文化内容融入新的文化环境之中，用当地接受者认同的方式（或者说更习惯的方式）进行传播，保证对方听得懂、听得进，做到潜移默化、润物无声。

传播中华优秀传统文化时，英语教师要充分利用所在地区的本土资源，贴近所传播国家和地区的本土文化，贴近接受者对中华优秀传统文化的兴趣点，根据本土文化背景选择恰当的文化传播方式。比如，用当地政府或某个名人关于中华优秀传统文化的观点作为开头论述或呈现观点，让接受者用英语给《泰坦尼克号》《阿凡达》等经典电影配音。在欧美国家和地区开展文化讲座时，英语教师的叙述要尽量符合接受者的直线思维，直接说明事物的文化内涵，避免让接受者产生理解困难。

英语教师可以先了解当地接受者的认知、审美、情感等方面的民族心理特点，积极寻找中华优秀传统文化与当地文化的契合点，以及接受者对中华优秀传统文化的兴趣点和了解需求，然后再根据当地接受者所属的文化特点调整中华优秀传统文化传播的策略和方法。

一般来说，中华优秀传统文化与当地文化的契合点是中国当前的发展情况（如政治、经济、民众生活等）和中国人对世界性热点的看法（如环境保护、反恐问题）等。接受者对中华优秀传统文化的兴趣点一般是中华优秀传统文化（如书法、绘画、京剧等）和当前中国的现实问题（如法律法规、教育城镇化等）。

4. 陌生化策略

陌生化策略是指将所宣传的中华优秀传统文化中某些大众性的元素去除掉，留下（或增加）让接受者感觉新奇、陌生的一面，以激发接受者的兴趣，增强传播效果。成功运用陌生化策略的典型例子是纪录片《舌尖上的中国》，它将人们非常熟悉的一些食物陌生化为一个个人物故事，既有陌生的故事情节，也有陌生的叙述视角，使国内外的接受者颇感兴趣。

英语教师在选择主题时应立足于中华优秀传统文化的特色部分，使内容既在接受者的经验范围内，又采用陌生化的策略，让接受者有新鲜感，甚至觉得眼前一亮，然后再整合不同资源，从不同的角度进行介绍。

5. 细节化策略

细节化策略是指英语教师在传播中华优秀传统文化时应关注细节,以细节化的方式(如具体、形象的实例)进行全方位、立体式的表述和传播;把现实生活中小人物丰富多彩的故事"原汁原味"地呈现给接受者,多用描述式语言,少用概括式语言,少一些空洞的数字和结论;尽可能详细地交代文化故事的背景(可以采取超文本链接的方式或提前发放背景资料的方式),而不是让接受者用自己的想象或生活经历去填补。

英语教师进行的文化传播,不是强制传播,更不是文化征服,要注意把握文化发展与传播的规律,通过潜移默化、关注细节等方式去促进文化传播。比如,通过关注普通人的生活,突出东西方在具体个人方面的共识(如追求卓越),体现出共享性,同时又在家庭观念、群己关系、伦理秩序等方面体现出中华优秀传统文化的独特性。再如,以具体情境作为普通人的生活场景,用不同的故事串联呈现社会生活状况。英语教师所要传播的中华优秀传统文化的很多方面,如经济发展、文化发展、普通民众生活、环境保护、科技发展等,都可以采用细节化策略,以普通个人的视角切入,以讲故事的方式呈现,以具体情境来承载故事,以人类共同的情感作为主旋律,配以中华优秀传统文化的特色进行传播,这既符合西方接受者的具体性思维习惯,也是人本化传播理念的体现,往往能达到较好的宣传效果。

总之,英语教师传播中华优秀传统文化时要多一些客观性、人文性、故事性、情境性,少一些说教味、宣传味、政治味,使用具体、实在、朴素、生动、鲜明的语言,力求贴近社会现实和大众生活,让接受者觉得亲切、自然、鲜明、准确。

6. 典型化策略

典型化策略是指将某类中华优秀传统文化的多种特征,集中体现在某个中国人(或中国家庭、事件)上的策略,突出某类事物中最为典型的个体或个案,使接受者通过典型个体或个案全面、深入地了解该类事物,以提高文化传播的效果。比如,以故宫为典型介绍中国的建筑、以西安为典型介绍中国的历史文化名城等。

第五章 跨文化交际理论背景下高校英语教学中中华优秀传统文化的融入

英语教师所从事的文化传播,有经济和时间等方面的成本制约,不可能呈现所有的中华优秀传统文化内容,这也要求英语教师选择某类事物的核心内容,赋予其典型化特征,提高文化传播的效率。此外,英语教师还可以选择利用新媒体、自媒体等现代传播媒介或利用日常生活、工作实践中的人际交往进行文化传播。

第六章　跨文化交际理论背景下高校英语教师专业素养的提升

在跨文化交际背景下,高校英语教学的目标是培养高校学生的跨文化交际能力,这就使得对高校英语教师的要求也有了相应的转变。本章主要分析跨文化交际理论背景下高校英语教师专业素养的提升。

第一节　高校英语教师的角色与素质

一、高校英语教师的专业素质

(一)专业道德素质

高校英语教师专业道德包含着对高校英语教师各项标准的要求,是高校英语教师各种素质的综合表现,是高校英语教师专业发展的内在要求。相对于高校英语教师的职业道德来说,高校英语教师的专业道德更强调专业性与主体性。①

1. 专业精神

高校英语教师在教育教学活动中的价值取向和追求即为其专业精

---

① 田爱香,许艳敏.卓越教师职前培养理论与实践研究[M].北京:研究出版社,2021.

第六章　跨文化交际理论背景下高校英语教师专业素养的提升

神。高校英语教师的专业精神直接影响着自身的行为及其结果。为此,它要求高校英语教师具备高度的教育责任感,将教育作为自己神圣的职责;精益求精的工作态度;甘为人梯的服务精神;清晰有效的反思意识,不断实现自我超越;拥有坚定不移的专业信念。

2. 专业自律

高校英语教师要表现出一定的"角色敬畏"。高校英语教师的角色意味着其所承担的道德责任和义务,而通过"角色敬畏",使高校英语教师在教育教学活动中"有所为有所不为",体现道德责任感和道德使命感。高校英语教师的专业自律还要求其体现一定的"教育良心",使高校英语教师对自己的教育教学行为进行自主控制与调节。

(二)专业知识素质

高校英语教师的专业知识发展内容包括扎实的政治理论知识。另外。高校英语教师应该不断积累自身的实践性知识,重视教育经验反思,培养教育情境敏感性,倡导教育叙事研究,关切教育情感体验。只有这样,高校英语教师才能全身心地投入教育教学中,不断实现自身的发展和提高。

(三)专业能力素质

高校英语教师专业能力指的是高校英语教师在专业实践中。以教学能力培养为内容。以专业能力发展为起点。经过专业意识及生成能力和专业调试能力的积累。从而使新专业能力结构不断生成、扩张和发展的螺旋式提升过程。[①] 为此,高校英语教师要不断提高自己的专业教学能力和专业实践能力。实现以下方面的发展。

第一,具备敏锐细致的观察力。通过观察更好地把握学生的心态。对学生做出更加客观的判断。从而能够进行有针对性的教学。

第二,准确清晰的记忆力。不仅对有关教育教学的知识有良好的记忆。对全班学生的各种情况也要有准确的记忆。

第三,具备多方位立体思维能力。对事物能够进行客观的分析、综

---

① 王作亮,张典兵.教育学原理[M].徐州:中国矿业大学出版社,2015.

合、抽象和概括。提高自身思维的独立性、广阔性、准确性和创造性等。以全方位、多层次、多渠道地对学生进行教育。①

第四,具有较强的组织管理能力。以全面组织管理教育班级学生的任务,具备民主、高效、开放的工作作风,促进学生特长和个性的发展,培养学生的主体性意识。

第五,具备一定的语言表达能力,高校英语教师只有具备良好的语言表达能力,讲究说话的逻辑性、规范性和情感性等,对学生进行思想品德教育和行为教育等。

第六,具备一定的自我调控能力,使自身保持良好的情绪心理状态,用理智支配自己的情感,做到语言、行为合情理、有分寸。

第七,具备较强的创造能力,高校英语教师在借鉴前人发展先进经验的基础上,大胆进行工作方法改进,从中发现新的规律、新的观点和具有创造性的教育教学方法。

(四)专业心理素质

高校英语教师专业心理指的是高校英语教师在教育教学实践中生成和积淀的,与学生身心发展状况有密切关系的,影响教育教学效果的心理素质的有机统一体。优秀的心理素质,有利于高校英语教师调动和发挥自身的积极性,激发学生的主观能动性,以取得良好的教育教学效果。② 为此,高校青年高校英语教师要促进自身以下几方面专业心理的发展。

第一,发展自身的专业心理素质,包括良好的职业道德心理素质、教学心理素质、辅导心理素质。③

第二,发展自身的人格心理素质,包括端正自身的需要与动机,培养良好的性格,提高自我调控能力等。

第三,发展自身的文化心理素质,要善于运用一定的方法和策略学习新知识和新技能,通过学习提高自身的实践创新能力。高校英语教师还要努力提高自身的文化素质,完善自身的个性和人格心理品质。

第四,发展自身的社会心理素质,认识到自身角色的多样性,学习

---

① 赵玉英,张典兵.教育学新论[M].济南:山东人民出版社,2012.
② 张宁.高校教师专业发展论[M].长春:吉林大学出版社,2012.
③ 刘道溶.教师心理健康的调查研究与行为干预[M].成都:四川教育出版社,2008.

掌握各种社会角色期待和角色情境判断,提高扮演多重角色的社会心理素质;建立良好的人际关系,具备良好的交往心理素质;提高自身在教育教学活动中的计划、决策、组织、指挥、监督、调控等方面的素质与能力。

(五)专业人格素质

一个人的人格能够很客观地反映出其整体心理面貌。高校英语教师的人格形象能够体现出高校英语教师在教育教学活动中的整体心理面貌和心理特征。具体来说,高校英语教师的专业人格包括高校英语教师对学生的态度以及高校英语教师自身的气质、兴趣等方面。高校英语教师要实现其自身的专业发展,就应该形成高校英语教师的专业人格,为专业的发展奠定良好的心理基础。

19世纪的俄国教育家乌申斯基认为,在教育事业中,教学工作应该以高校英语教师的人格为根据,任何规章制度、任何机构设施,无论其设计和安排如何完善,都不可能代替高校英语教师人格形象。只有通过高校英语教师的专业人格才能获得教育的力量源泉。

苏联著名教育家苏霍姆林斯基认为,从本质上来说,教育教学过程就是师生之间在心智和情感方面的沟通和交流过程。教育是人与人心灵上最微妙的相互接触。学生会因为高校英语教师的人格形象来对高校英语教师进行判断。

理想高校英语教师的人格应该符合善于理解学生、和蔼可亲、真诚质朴、开朗乐观、公平正直、宽容大度、兴趣广泛、意志力强、诙谐幽默等方面的要求。① 高校青年高校英语教师专业人格的建构,是在教育教学过程中逐步形成的。高校英语教师在长期的教育实践中,通过对教育、对学生、对自我的深切感悟理解,对职业道德和教育理想自觉追求的内化,可以使自身的高校英语教师专业人格逐步达到成熟。

(六)专业思想素质

从客观角度来说,专业思想是判定一个人是否属于一个专业人员的重要依据,也是现代高校英语教师与以往高校英语教师相区别的显著标

---

① 张福全,郭启华.教育理论综合知识[M].合肥:安徽人民出版社,2011.

志。所谓高校英语教师的专业思想,就是指高校英语教师在理解教育相关知识的基础上所形成的教育教学思想。高校英语教师在教育教学工作中,要做到以专业思想作为行动的世界观与方法论。高校英语教师的专业思想为其专业发展提供了理性支点和精神内核,对于高校英语教师成长为一个教育教学专业工作者有着重要的影响。

客观来说,教育专业思想是动态发展的,是不断演变的。因此,每一位高校英语教师都必须不断地总结教育教学实践,以此形成符合自身发展特点的、体现个人风格的教育专业理念、专业思想。在不断发展变化的现代社会中,高校英语教师应该树立终身学习的观念,促进自身专业思想与时代的发展要求相接轨。

二、高校英语教师专业素养提升的理论依据

(一)社会建构主义理论

维果茨基(Vygotsky)的社会建构主义理论(social constructivism),又称社会文化理论,是大多数教师教育导师制研究的理论基础。

在社会建构主义理论的丰富内容中,联合活动(jointactivity)和最近发展区(zone of proximal development,ZPD)两大概念可作为教师教育导师制的理论基础。维果茨基认为,大多数学习活动不是孤立获得的,而是在社会情境下通过与他人互动获得的。然而,这种互动需要发生在最近发展区才行。最近发展区被定义为"个体目前的日常行为与可集体生成的社会活动新形式之间的距离"。最近发展区有三个方面含义。第一,学习涉及多个人,不仅仅涉及一个人尝试单独构建学习,这突出了互动的对话本质,可以为师范生提供一个与其他能力较强的导师或同伴一起工作的机会,是非常有价值的。第二,个人在分享和构建知识方面具有主动作用。第三,学习参与者之间的互动,被认为是动态的和辩证的。最近发展区的概念说明在社会互动和交往情境下,导师可以为师范生个人学习作出贡献,不管导师是长辈还是同辈。这种合作学习,在教师教育导师制的指导行为中比比皆是。很多教师教育研究都发现长辈导师和同辈导师提供的支持都能促进师范生的认知发展,师范生通过社会互动和对话,有机会与长辈导师或

第六章　跨文化交际理论背景下高校英语教师专业素养的提升

同辈导师共同构建知识。从社会建构主义理论来看,知识必须通过师范生主动参与社会互动中才能构建出来。

总之,教师教育中的社会建构主义理论强调了职前教师与其合作教师(导师)之间的社会互动对于有效指导的重要性。

(二)社会学习理论

在社会建构主义理论的基础之上,温格(Wenger)又进一步提出了社会学习理论(social learning),认为学习是一种社会现象,通过社会互动来分享激情、分享知识、分享特长。作为社会动物,人类自己才是学习的中心,学习这种实践活动必然导致人与人之间相互参与。因此,他的理论引入了三个重要概念:相互参与(mutual engagement)、共同事业(joint enterprise)、共享资源(shared repertoire)。这三个核心概念对社会学习理论至关重要。

具体到教师教育领域,首先,相互参与是导生指导关系,甚至是整个导师制的基础。导生双方积极对话才能相互参与,相互参与会涉及亲密关系,也会涉及权利和控制。这依赖于导师和师范生的性格、指导风格以及二者角色之间的平衡。有些师范生会将自己在实习期间遇到的挑战和困难,视为消极的东西。师范生对自己没有清晰的自我认识,会导致专业知识的学习比较肤浅,此时师范生与导师的友好沟通和对话参与对于克服这些挑战和困难就显得至关重要。

其次,共同事业指的是导生双方有共同的专业发展目标,即顺利完成教育实习工作。导生沟通是导师制完成共同目标的重要一步行动。导生的良好沟通能让师范生融入学校,自由选择课堂教学技能,能帮助师范生建立专业自信,拥有主观幸福感,推动持续不断地合作。

最后,共享资源指的是导师制和导师指导行为涉及一些坦率的、开诚布公的、共享的交流和对话,比如关于教学、测评等话题。有研究者认为,对师范生而言,真正有效的导师指导,不仅仅是一些简短的教学技术上的建议和情感支持,更是导师和师范生共享一些做法,共同行动。

三、跨文化交际理论背景下高校英语教师的角色定位与素质要求

(一)跨文化交际理论背景下高校英语教师的角色定位

1.英语学习的指导者和促进者

在新形势下,学生的学习方式发生了改变,从传统的接受学习转向自主学习、探究学习,这就需要教师也转变自身的角色,从知识的传授者转向学生学习的指导者。这是教师角色转变的跨越。也就是说,过去教师仅作为知识传授者的身份,是知识的唯一拥有者;现在,学生可以从多个渠道获取知识,因此教师不再是单独的知识拥有者,这就要求他们转变角色,来促进学生的学习,具体要求做到如下几点:辅助学生对学习目标进行确定,并分析如何达成目标;辅助学生养成良好的学习习惯,对学习策略进行把握;为学生创设良好的学习环境,激发学生的学习动机与积极性;服务于学生的学习;为学生营造宽容、和谐的学习氛围;与学生一起探索真理,并承认自己存在的一些失误。

随着科技的迅猛发展,知识增长的速度越来越快,学生在校期间学得的知识随着时间的推移很可能已经过时了,人们在大学阶段也不可能掌握所有的知识,因此需要不断进行终身学习,这就要求教师教授学生终身学习的能力,让他们学会自主学习。

2.英语学习的帮助者与协调者

高校英语教师应该充当学生英语学习的协调者的角色,调整他们在语言学习中出现的社会关系与人际关系,营造出一种和谐的学习氛围,从而使学生的英语学习氛围更浓厚。一般来说,高校英语教师需要做到如下几点。

第一,在高校英语教学中,教师应该组织各种形式的互动交流,当然在交流中难免会出现争议甚至矛盾,这时候教师需要判别各方的意见,给出合理有效的评价。当然,教师不能给学生一种亲疏有别的感觉,而是以一种平等的姿态对待学生,实现教学目标效益的最大化。

第六章 跨文化交际理论背景下高校英语教师专业素养的提升

第二,在课堂上,师生之间的互动、生生之间的互动过程都需要协调,减少学生的英语学习中出现焦虑情绪,使学生处于良好的学习氛围中,轻松地发挥他们学习的想象力。

第三,高校英语教师作为协调者,其中不免需要为学生解决一些实际问题,当学生分组展开讨论时,教师应该监控他们说的话,适当给予一些帮助,避免学生出现挫败感而放弃英语学习。例如,学生在单词学习、篇章理解上出现困难时,教师应该给予学生词汇学习技巧、篇章理解技巧等方面的指导,教师应该充分地利用有限的时间,协调好知识传授与策略传授的关系,鼓励学生探索一条适合自己的学习策略。

3.英语课程的研制者与教育研究者

长久以来,我国教师在英语课程改革中充当执行者的角色。英语课程改革要求生成动态、开放的课程,并且以学生生活为中心,这样的课程就不仅仅是文本类课程,即包含教学大纲、教学计划等在内的课程,而是一种体验类的课程,即教师与学生都需要进行体验。简单理解,高校英语课程不仅仅是知识的载体,还是师生共同探求知识的过程。教师与文化课程相结合,成为文化课程的研制者,教学也不仅仅是计划的执行者,而是文化课程内容的生成者、转化者、意义建构者。在这种新的理念下,教师的创造空间逐渐扩大。

在课程研制中,教师主要承担如下几点任务。第一,教育部门颁布的教学计划、课程标准往往比较抽象,是宏观层面的标准,因此不能直接进入课堂之中,教师需要将这些教学计划、课程标准等具体化、细化才可以。第二,学校承担着一定的课程开发责任,而在这之中,教师往往是主要的承担者。第三,教师需要对课程进行评价,教学计划是否真正地实现了可靠性,是否与课程目标的要求相符,是否能够使学生的学习兴趣和积极性调动起来,都是教师作为课程研制者需要做的工作。

另外,作为研究者,教师在具体的文化教学实践中遇到新问题之后,就需要对这些新的问题进行研究,从而找寻具体的答案。教师教学研究可以使课程、教师、教学融合在一起。我国的英语教学改革要求对课程功能进行调整,对课程结构加以优化,对课程内容进行更新,对教学方式进行变革,对课程管理模式加以更换等。高校英语教学不仅改变了学生的学习生活,也改变了教师的生活。教师要对英语课程进行充分的接受与理解,并不断对其中的问题加以改革与完善,这些都需要教师自己的主动探究,尤其是校本课程,更需要教师深入探究,这样才能真正地落到实处。教师的文化教育研究还有助于推进教师的专业化发展,从而不断提升他们的素质与能力,提升教师的价值观与学习乐趣。教师也真正成为有能力、有思想的实践主体。教师主要在第一线工作,因此他们获得的资料也是鲜活的资料,教师的文化教育研究主要是在实践层面展开的,可以对教学内容加以丰富与充实。

4.英语教学资源的查询者和设计者

教学资源涉及教师、学生、教学媒介、教学内容等层面,是一个复杂的系统。要想提升教学的效果,就必须从教学设计原理出发,科学地设计教学资源与过程。[①] 当前,教师应该学会运用信息技术手段,为学生创设良好的学习情境,使自身从知识传授者的角色转向教学信息的制作、加工与处理的角色。为了让学生能够主动探索与建构意义,教师在教学中应该为学生提供各种学习资源,而要想设计这些信息资源,就需要教师自身的信息素养,即将技术与教学资源紧密融合。另外,教师还要学会运用教学可见,包括制作网络可见脚本,帮助教育技术人员制作。可见,对教学信息加以浏览下载等,从而帮助学生的自主学习。

(二)跨文化交际背景下高校英语教师的素质要求

随着跨文化教育的发展,高校英语教师面临着各方面的新挑战。因此,对于每一位优秀的高校英语教师而言,不仅需要重视教学工作的每一个过程,同时还要时刻注意提高自己的各方面素质,概括来说包括教学素质、职业素质、科研素质与信息素质等方面。

1.教学素质

(1)精湛的专业水准和知识储备

在跨文化交际背景下,高校英语教师首先需要具备较高的知识水平,这是展开英语教学的关键。在新时期,教师最重要的业务素质包含口语表达能力与写作能力。这是因为,如果教师表达不清晰,那么很难

[①] 王卫东.教师专业发展探新[M].广州:暨南大学出版社,2007.

第六章　跨文化交际理论背景下高校英语教师专业素养的提升

与学生沟通。除此之外,教师还需要提升自身的批判性思维能力,对不同文化进行对比与吸收,从而帮助学生找我英语学习的情趣。

另外,教师还需要具备较高的知识储备,因此新时期,问题讨论是开放的,不能预测出来。教师与学生处于同一起点,如果教师的知识储备不足,那么很难引领学生持续有效地学习。

(2)丰富的教学方法

在跨文化交际视野下,高校英语教师的角色转变成教学的设计者与学生的协作者。也就是说,师生之间互助合作,学生操控学习任务,那么教师就必须掌握不同的教学方法。

在新的时期,教师不能仅仅是口述教学,还应该采用多种教学内容与方法。例如,教师可以借助多媒体网络,将课堂、自学等形式相结合,随时对学生的学习情况进行关注,选择与学生学习情况相符的内容与知识。

(3)创造性的教学思维

在思维领域,创造性思维是最高的形式,是有价值的思维形式。所谓创造性思维,是指运用新方式、新技术来解决、处理问题。

在跨文化交际视野下,高校英语教师需要将各种资源融合起来展开调研。这就是发挥教师独特性思维的时候,对各种信息资源予以把握,从而设计出个性的教学方法。另外,多向性思维与综合性思维要求学生能够归纳也整合,将科技最大限度地运用到教学之中。发展性思维要求教师有前瞻的眼光,预测教学发展的前景。

2.职业素质

高校英语教师应该帮助学生培养自身的品质,通过不断与学生进行沟通,对学生的心理动向有清晰的了解。教师可以让学生多读一些读物,参与一些课外活动,对自己的目标有清晰的把握,这样才能保持积极的心态,投身于学习之中,也能够解决学习中的一些问题。

3.信息素质

高校英语教师的信息素质是在其信息化实践知识的基础上建立起来的,其要进行进一步的发展,对信息化情境有一定要求。

(1)高校英语教师信息技术能力的特点

关于高校英语教师信息素质的特点,可以大致归纳为以下几点。

①复合性。高校英语教师的信息素质所涉及的具体能力是各个方面的。比如,从基本的教学方面来说,不管是知识、技能的传授能力还是实践能力,不管是针对高校英语教师发展的能力还是促进学生信息化学习的能力,不管是什么级别的信息能力等都属于高校英语教师的信息素质的范畴,这就将其复合性特点体现了出来。尽管传统意义上的高校英语教师也具有复合性能力,但是信息素质与之是存在着差异性的,这与信息技术要素的动态介入有着直接的关系。

②关联性。高校英语教师应该具备的信息素质,并不是指某一种能力,而是众多子能力的综合,并且这些子能力之间是相互联系、相互影响、相互作用、彼此关联的。

第一,高校英语教师的信息素质是在基本的教学能力基础上实现的。基本的教学能力主要涉及驾驭学科教学内容的能力、一般教学法的相关能力、基本的教学技术能力等。

第二,高校英语教师的信息素质的发展是呈递进形式的。另外,在不同的发展阶段高校英语教师的信息素质是有着不同的侧重点的。要想使高校英语教师的信息化教学能力得到良性发展,在动态的发展中寻求新的平衡与协调是重要途径之一。

③发展性。信息化带来时空结构的变换,对英语教学的整体发展起到促进作用,也促进了高校英语教师综合素养的发展和提升。

第一,高校英语教师不仅要具有信息素质,还能不断发展,这样才能更好地适应不同的、复杂的信息化教学情境与信息化教学实践,也才能使不同的学习对象的不同学习发展与能力要求得到较好满足。

第二,在当今这个信息化社会中,信息技术更替周期逐步缩短,信息化学科教学与相关的教学方法也处于不断发展变化的状态,这样才能使相关教师教学能力变化发展的需求得到满足,才能与新技术、新工具、新方法带来的变革相适应。①

第三,高校英语教师的专业发展呈现出动态性、终身性的显著特点,这也一定程度上将信息化社会的特点反映了出来。高校英语教师要想得到专业化的成长,要求其要根据不同的职业发展阶段来不断发展和优化自身的教学能力结构。高校英语教师信息素质的发展具有一定的导向作用,这主要体现在高校英语教师信息化教学智慧的创造方面。

---

① 张筱兰,郭绍青.信息化教学[M].北京:高等教育出版社,2010.

第六章　跨文化交际理论背景下高校英语教师专业素养的提升

④情境性。在信息化社会中,高校英语教师信息素质的形成与发展是在一定的信息化教学情境中才能发生的,这就赋予了其显著的情境性特点。对于同一教学对象、同一教学内容,在不同的信息化教学情境实践中开展的学习活动,对高校英语教师的信息素质有着较高的要求,为了使二者有良好的适应性,需要高校英语教师的信息素质也必须是多样的。高校英语教师的信息素质是依赖于信息化教学情境中主体实践的体验的,因此高校英语教师信息素质的发展在信息化教学情境体验方面是有一定的要求的,否则,发展就无法实现。

(2)高校英语教师信息技术能力的层次

高校英语教师信息素质包含三个层次。

①第一层次:知识基础。第一层次的知识可以大致分为以下几个方面的内容。

学科知识。所谓的学科知识,主要是指英语专业的知识、概念、理论、方法以及相关联的学科理论内容等,对于高校英语教师来说,则是其从事英语教学的专业知识准备。

一般教学法知识。一般教学法知识,所指的通常就是英语教学的一般性原理、策略和方法等。这方面知识的主要功能在于,完成教学的准备、教学的实施、教学的管理、教学的评价以及对教学目标和教学过程的认识等,从而进一步对教师教学和学生学习起到促进作用。

学科教学法知识。学科教学法知识,实际上是两方面知识的综合,即主要是学科知识和一般教学法。

教学技术知识。教学技术知识,大致主要是指教学媒体和教学手段的应用知识。这方面的知识包含各种传统教学技术和先进科学技术的重视和技能。

②第二层次:知识主体。第二层次的知识所包含的内容主要有以下两个方面。

信息化学科知识。教学技术与学科知识相互融合后的知识,就是所谓的信息化学科知识。教学技术的功能在于使学科知识以信息化的方式更方便、更灵活地表达、呈现与扩展。①

信息化教学法知识。教学技术与一般教学法融合后产生的新知识,就是所谓的信息化教学法知识。在教学活动中应用一定的教学技术之

---

① 周效章.信息化教学技术与方法[M].北京:中国农业出版社,2020.

后,就一定程度上使英语教学中的要素发生相应的变化。比如,原有的教学法有所巩固拓展,一些新的教学方法产生等。

③第三层次:最高知识要求。第三层次的知识所包含的内容主要有以下两个方面。

信息化学科教学法。教学技术与学科知识、教学法融合后产生的一类知识,就是所谓的信息化学科教学法知识。这类知识是特殊的,主要表现为,其是高校英语教师信息素质的最高知识要求,也是高校英语教师信息素质发展中,教师获得知识的最高境界与追求。①

教师信息素质的知识核心。一般地,处于高校英语教师信息素质知识核心地位的内容主要有四个方面,分别是信息化学科知识、信息化教学法知识、信息化学科教学法知识、教学技术知识。

第二节 高校英语教师跨文化交际能力提升的困境

我国高校英语教师专业的发展虽然得到了一定程度的提升,但是面临英语教学改革的推进的局面,他们的素质与能力已经很难适应当前经济发展对高素质英语人才的需求。因此,当前高校英语教师专业发展面临着严峻的挑战。

一、培养目标不明晰

社会对高校英语教师职业的需求是随着时代的发展而不断变化的,高校英语教师的培养目标和模式应该随着社会不断变化的需求而有所调整,因为原有的培养目标和方式无法满足现实的需要。目前来看,我国开设教育专业的高等院校在高校英语教师培养方面存在培养目标模糊、培养方案落后的现状,人才培养的理论与实践体系之间缺乏密切的

---

① 周效章.信息化教学技术与方法[M].北京:中国农业出版社,2020.

第六章　跨文化交际理论背景下高校英语教师专业素养的提升

联系。高校缺乏根据时代需要和社会需求而完善高校英语教师人才培养方案的意识与行动,导致人才培养目标与现实需要不符,缺乏时代性。

二、课程设置不合理

高校教育专业的课程设置及专业教学质量直接决定着高校英语教师人才的培养质量。现阶段,部分高校的教育专业在课程设置上存在以下两个方面的问题。

第一,公共必修课程与专业课程的课时分配不够协调,各自所占的比例不合理。主要问题是公共课程的课时占了一定的比例,导致专业课程的课时不足,难以完成专业教学任务。一些学校为了完成预期的人才培养方案,对专业课程进行删减,从而对人才培养质量造成了影响,导致培养出来的高校英语教师缺乏良好的专业素养。

第二,高校教育专业的课程主要有学校学、课程与教学论、中小学与健康教学、教学技能实践等。课程看似丰富、全面,但细分发现这些课程中有些内容是重复的,这势必会影响人才培养的效率和最终的质量。

三、培养模式及观念落后

当今社会需要的是个性化人才、全面型人才、多元化人才,这是高校在师资培养中制定培养方案以及不断完善培养方案的重要依据。这要求高校不断更新人才培养观念,根据现实需要而对培养方案进行调整,构建新的人才培养模式,从而培养出能够在教学中真正发挥作用和做出成绩的优秀师资人才。

目前来看,一些高校在培养师资人才方面缺乏先进的理念,如在课程设置中以专业理论课程为主,忽视了岗位实践的重要性。此外,人才培养模式也较为落后,如培养方式单一、培养内容片面、忽视了对实践能力以及创新能力的培养等。

四、脱离社会发展需求

高校教育专业学生毕业后能否顺利就业，成功进入学校成为合格的英语教师，关键要看其是否满足社会对高校英语教师这一岗位提出的专业要求，也就是这些毕业生的实际能力和现实需要之间的契合度是否足够高。满足社会岗位需求的毕业生容易在竞争激烈的就业市场中脱颖而出。所以，高校要培养满足英语教师岗位专门需求且综合素质较高的人才，促进毕业生与工作岗位完美对接。

有关学者在调查中了解到，英语教师在上岗前不了解或不太了解岗位需求的情况很常见。由此可见，高校教育专业关于教师人才的培养与社会岗位缺乏有机融合，尚未充分了解新时代英语教师的岗位特征和发展趋势，导致教育专业的学生毕业后就业难以及入职后适应慢，难以快速胜任本职工作。

五、职业培训不乐观

教师的职后培训与职前培养同样重要。很多英语教师对专业培训的需求比较强烈，也有参加继续教育的意识和打算，并深刻认识到专业培训、继续教育对自身长远发展的重要性。但现实中他们的需求并未得到充分的满足，因为学校不重视在职英语教师的培训与继续教育，没有提供足够的机会，也没有从政策、资金等方面提供支持。社会上的培训机构资质良莠不齐，培训内容落后，培养方法单一，培训者专业素养差，培养质量得不到保证。此外，英语教师往往要负责几个班级的课，而且还要完成运动训练、社会等相关工作，工作量大，任务繁重，余暇时间不多，所以没有足够的时间去充实与完善自我。

第三节 跨文化交际理论背景下高校英语教师文化意识培养的路径

一、提升教学能力

教育的问题首先考虑的是教师的问题,当然英语教学也不例外。高校英语教师在教学中起着指导者的角色,教师要引导学生认识学习、认识社会,教师也需要对自己进行严格的要求,逐渐成为学生学习的榜样。

(一)提升自己的人格魅力

在教学中,教师的人格对教学情绪、学习效果会产生直接的影响,那么教师该如何提升自身的人格魅力呢,主要在于坚持"四心"。

1. 敬业之心

第一,教师要对自己从事的职业有清晰的认识,即认识自己职业的意义,认识到教师需要付出自己的努力,无私奉献自己。

第二,教师需要对自己的职业忠诚。随着科技不断发展,知识更新换代快,教师应该树立终身学习的观念,不断提升自身的能力和水平。教师需要用自己的智慧去吸引学生,让学生悦纳自己,以高度负责的姿态真正起到表率的作用。

2. 爱生之心

爱心是促进学生不断成长的法宝。在工作时,教师不仅要传授给学生基本的知识,更重要的应该是培养学生,教会学生做人。教师需要有一颗热爱学生的心,只有真正地热爱学生,教师才能正确地看待学生。在大学,非英语专业的学生很多基础比较薄弱,这就需要高校英语教师付出努力,保持工作的耐心,不能因为学生犯错就对学生置之不理,而是应该真正的爱学生,将自己的情感融入学生,这样才能与学生建立友好的关系,让学生相信自己,愿意去学习。①

3. 健康之心

当前的社会节奏非常快,人际关系也非常复杂,这也给教师带来了极大的影响。尤其是现代很多家长对教师的期待很高,因此教师的压力也非常大。除了这些压力,教师还会面对自身工作、生活的压力,如教师待遇、教师工作性质等。

在学校中,学生与教师接触的时间比较长,教师的行为对于学生来说有直接的影响,是学生最为权威的榜样,教师的心理是否健康、能否承受住压力对于学生来说也至关重要。对于高校学生的英语学习来说,本身比较困难,因为他们将更多的精力放在了专业课的学习上,但是一旦步入社会,英语又是不可或缺的一部分,因此面对这样的压力,很多学生心理上容易存在压力,这时教师需要从积极的方向引导学生,这就要求教师首先具有一个积极健康的心理,自身保持积极的心态面对自己的工作,让学生看到榜样的力量,学会自我调节,从而也能树立健康的身心。

4. 进取心

时代不断发展,社会不断进步,教师需要具备一颗进取心。一名高校英语教师仅仅有专业知识,显然不能满足当前英语教学的需要,因为高校学生步入社会之后运用到的英语知识,往往和专业密切相关,属于专业英语,所以教师除了要具备渊博的英语知识外,还需要涉猎其他各个方面的知识,这样才能提升英语教学的质量和水平。

(二)扩展自己的英语学识

高校英语教师是英语知识的传播者。当今社会,知识不断更新,教师需要不断拓展自己的视野,对自己的知识结构加以完善,提升教学的质量,树立终身学习的理念,这是提升高校英语教师素质的基本要求。

---

① 龚芸.高职学生学习倦怠问题研究[M].北京:北京理工大学出版社,2015.

第六章　跨文化交际理论背景下高校英语教师专业素养的提升

1. 广博的知识

作为一名高校英语教师,他/她首先需要具备渊博的英语知识。如果教师不扩展自身的知识,在课堂上往往会表现得捉襟见肘,课堂也显得平淡无奇,无法吸引学生的兴趣。随着教学改革不断深化,科技不断进步,高校英语教师需要扩展自己的综合知识,注重知识的应用。教师只有对广博的英语知识掌握清楚,做到融会贯通,才能学会积极思考,发现问题并解决问题。

2. 先进的理念

高校英语教师具备广博的知识是他们开展教学行为的前提和基础。先进的英语教学理念是展开英语教学的灵魂。只有基于先进英语教学理念的指导,教师才能不断更新教学观念,提升英语教学的境界,为英语教学指明新的方向。基于先进教学理念的指导,英语教学才能从"授业"转向"授业+传道",提升学生的英语素质,促进学生的综合发展。

随着社会不断发展,出现了很多先进的英语教学理念,这就需要教师提升自己的敏感性,真正地做到与时俱进。教师需要从学生实际、专业实际出发,在教材内容的基础上融入当前的时事,这样不仅能够传授给学生基本的英语知识,还能激发学生学习的兴趣和积极性,从而获得成功。

3. 双师的素质

当前,作为一名高校英语教师,需要具备双师素质,即不仅掌握渊博的英语理论知识,还能够运用理论知识指导实践;不仅可以从事理论教学,还可以对学生的英语学习实践进行指导。也就是说,高校英语教师只有将自身的实际工作能力与英语课程整合起来,才能将理论知识讲活,为学生的专业课学习打下基础。

为了提升教师自身的实践能力,广大教师应该参与到具体的实践中或者利用假期参与培训学习,从而提升自身的实践水平,以便于更好地指导自己的学生。同时,在学生的实际训练中,教师能够娴熟地展开讲解,从而吸引学生的注意力,使学生真正地获取英语知识与技能。

4. 科研的能力

高校英语教师还需要具备一定的科研能力。教学中如果没有科研作为底蕴，教育就如同没有灵魂一般。科研工作对于高校英语教师来说，是在拓展自身的专业知识、对自己的学科结构加以丰富、提升自身的教学能力和水平。教师开展科研工作，可以让自己更加主动、自觉地思考教学中存在的问题，从而获取新知识，寻求解决问题的方式和方法。

作为高校英语教师，需要认识到科研的作用，不断提升自身的科研能力和水平，具体来说，主要培养如下五种能力。

第一，获得信息的技能。
第二，广泛地开展思考的能力。
第三，勇敢地攻克难关的能力。
第四，勇于创新的能力。
第五，将成果进行转化的能力。

(三)提高自己的英语教学能力

学校的学习不是将知识从一个脑袋移入另外一个脑袋，而是教师与学生之间每时每刻都在进行心灵的接触。教育属于一门艺术，课堂教学是教师彰显魅力的体现，其中最为关键的魅力就是上好一堂课。高校英语教师要想让自己的课堂更有魅力，应该从师生之间的交流开始。如果高校英语课堂中没有交流，那就称不上是真正的课堂教学。高校英语教师要想让自己的课堂更有魅力，应该多与学生之间展开对话与共享，一起发现问题、解决问题。当然，高校英语课堂也必须是真实有效的，拒绝花架子的课堂，其中需要融入基础知识的讲解、思维的拓展、真实的教学活动，能够用最短的时间将知识传授给学生，让学生学到知识与技能。具体来说，教师的英语教学能力主要展现为如下几点。

1. 个性化的教学设计

高校英语教学的能力首先体现在对英语教学的设计上。所谓教学设计能力，即教师在开展英语教学之前，从英语教学目的出发，设定英语教学程序，制订英语教学方法，选择恰当的英语教学内容。

第六章 跨文化交际理论背景下高校英语教师专业素养的提升

当前,很多教材都包含现成的教学课件,因此很多教师并未付出辛苦在教学设计上,而往往用现成的课件展开教学。但是,真正的教学设计要求教师能够吃透所要教授的内容,对学生的学习状态有清楚的了解,从而确定教学目标,选择恰当的方法,设计出独特的教学思路。高校英语教师进行教学设计的过程,实际上就是创造的过程,但是在进行教学设计时,要求灵活、简洁,并且真正做到以学生为中心,在设计时体现出预见性。

2. 整合性的教学能力

所谓整合性教学,即要求在教学中将学科的各个环节与要素、不同方法有机地整合在一起,使教学更具有程序性。整合性教学要求教师拥有良好的知识结构,具有程序化的教学技能,具有丰富的教学策略,能够付出较少的努力就可以完成各项教学任务,帮助学生实现英语学习。[1]

高校英语教学的首要任务就是激发起学生英语学习的兴趣,吸引学生的注意力。现在的高校英语课堂中存在很多低头族,不管讲台上教师讲得多么用心、用力,下面的学生多数在玩手机、刷微博、看朋友圈等,他们可能忘记带教材,但是不会忘记带手机和充电宝。面对这样的高校英语课堂,教师需要对其进行有效的组织。另外,在语言上,教师应该确保表达的准确性与针对性,做到突出重点、清晰精练。教学技能也要不断提升和创新,要时时改变授课手段,延伸教学模式,创新考核手段。

二、文化培训

(一)文化意识的培训方法

文化、文化差异以及英语教学的文化教学潜力是客观存在的,关键的一点是让教师意识到它们的存在,要提高教师的文化敏感性和文化教学的意识。教师来参加培训时,自带着丰富的文化体验,他们的文化参考框架经过长期、不断的建构和修改,已经成为他们个人身份和个性的一个象征。他们在日常工作和生活中,在与他人进行交流时,都会自动地、无意

---

[1] 龚芸. 高职学生学习倦怠问题研究[M]. 北京:北京理工大学出版社,2015.

识地使用其文化参考框架。为了使教师意识到文化参考框架的存在和作用，以及来自不同文化环境的人们通常使用不同的文化参考框架，最有效的方法是利用文化冲撞、关键事件和反思练习等跨文化培训的方法。

(二)文化知识的培训方法

文化人类学全面而系统地阐述了文化概念和知识的学习，是高校英语教师获取相关文化知识的可靠来源。因此，它理应成为高校英语教师培训的一门必修课。具体而言，应该由来自不同领域的专家，如英语教学研究者、文化学家、跨文化交际研究者、教师培训专家等，共同完成对文化人类学研究成果的筛选和选用工作，选择那些教师需要掌握的理论和信息，作为培训的内容。另外，社会学和跨文化交际学的研究成果同样是教师培训应该关注的内容。这两门学科清晰地描述了语言、文化、社会和交际之间复杂的关系。

(三)文化能力的培训方法

文化能力的培训不仅包含教师的认知心理，还囊括教师的行为、教师的情感等。对教师进行文化能力的培训是相对复杂的，文化能力的培训主要包含如下两种。

第一，跨文化交际能力培训。具体来说，主要有四种方法：给教师提供跨文化交际实践的机会，如到外国人家做客、到外企见习等；可以通过观察跨文化交际的成败案例，来汲取经验，避免进入交际误区；可以通过讲座等活动，让教师不断了解跨文化的本质，弄清文化冲撞为何要产生，进而调整自身的心态。在整个培训过程中，培训者应该反复强调反思的重要性，受训者正是通过不断学习、不断体会、不断反思才能有效地增强自己的跨文化意识和跨文化交际能力。

第二，文化学习和探索能力培养。文化学习和探索能力首先是基于勇敢、敏感等情感状态的，如果对文化没有敏感性，忽视文化差异，那么必然导致文化学习障碍。面对陌生的文化环境，很多人选择逃避和退缩，而善于学习和探索的人则会勇敢地尝试和体验，积极参加各种有利于自己了解该文化群体的活动。与不同文化背景的人相处时，具备了宽容和移情这两种素质，就能有效地避免误解和冲突的发生，文化学习和探索才可能顺利完成。

第七章　跨文化交际理论背景下高校英语教学评价的多元化

教学评价作为高校英语教学的一部分，需要不断改进评价手段，以适应社会发展的需求。当前，高校英语教学存在的突出问题之一就是教学评价手段不完善，因此高校英语教学应该完善教学评价体系，使教学评价更为多元化。本章主要分析基于跨文化交际理论背景下高校英语教学评价的多元化。

第一节　高校英语教学中的测试与评价

一、区分评价、评估与测试

对于评价，很多人会联想到测试、评估，认为三者是同一概念。但是仔细分析，三者是存在一定的区别的。简单来说，测试为评价、评估提供依据，评估为评价提供依据，评价是对教学效果的综合评估。三者的关系如 7-1 所示。

从图 7-1 中可知，评价与测试、评估关系非常密切，但是也不乏区别的存在。具体来说，可以从如下三点理解。

就目标而言，测试主要是为了满足教师、家长的需要，便于他们弄清楚自己学生/孩子的成绩。当今社会仍旧以测试为主，并且测试也为家长、教师、学生提供了很多信息。评估主要是为了教师与学生提供依据，如学生在学习中遇到什么问题、学生学习的效果如何等，便于教师提升自身的教学质量,也便于学生提升自身的学习效果。评价有助于行政部门对教学进行合理配置。显然,三者有着不同的作用。

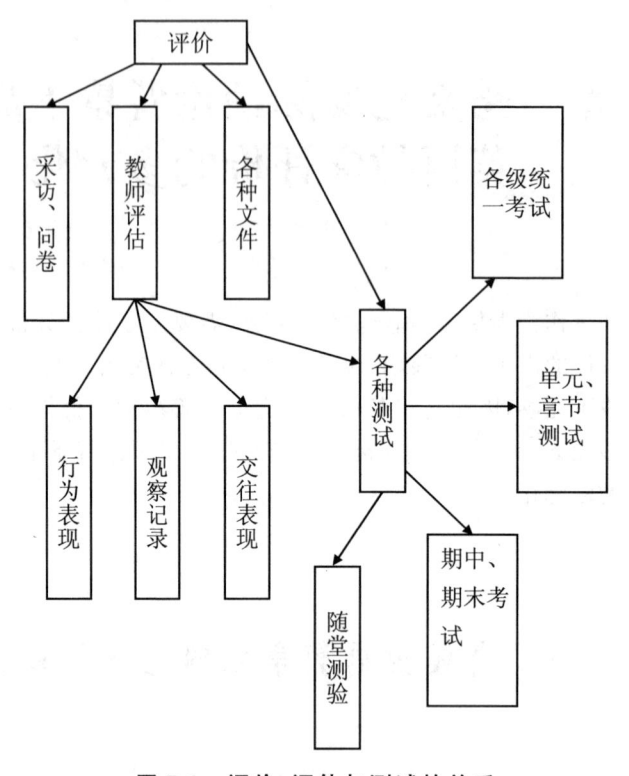

图 7-1 评价、评估与测试的关系

(资料来源:黎茂昌、潘景丽,2011)

　　就数据信息而言,测试主要收集的是学生试卷的信息,也是学生语言水平的反映,但是试卷无法评估学生的语言运用能力。评估可以划分为终结性评估与形成性评估两类,终结性评估简单来说就是测试,而形成性评估主要是学生学习的过程。评价往往是从测试、问卷、访谈等多个层面来说的,属于一种综合性评估。

二、高校英语教学评价的理念

　　当前,高校英语教学的主流精神在于以学生为本,即以学生作为主体,通过将学生的学习积极性调动起来,促进学生的主动学习,进而推进

◀ 第七章 跨文化交际理论背景下高校英语教学评价的多元化

学生的和谐全面发展。具体而言,高校英语教学评价需要注意如下几个层面。

(一)主体性

高校英语教学长期存在"费时低效"的情况,其根本原因在于高校英语教学过分重视教授,而忽视了学习,对于标准化与一体化教学过分看重,未重视学生的个体化差异。

在新时代,高校英语教学需要考虑学生的情感与认知因素,允许学生对自己的学习内容进行自行选择,可能全部承担或者部分承担自身学习的前期准备、实际学习以及学习效果监控与评价等责任,让学生在学习与评价过程中形成一种监控意识。

(二)交互性

每一名学生都是一个完整的个体,教师与学生的工作目标是不同的,但是彼此之间也不是孤立的状态。教师和学生都是社会互动中的一部分,并且只有融入整个社会体系中,才能将各自的效能发挥出来。[①] 英语学习本身属于一种社会性活动,对英语教学模式的探索必然与教师与学生相关,师生之间的互动也是高校英语课程的核心。师生互动对教学活动的质量起着决定性的作用,师生之间的交互模式也对他们各自的角色起着决定性的作用。其间,学生从被动的听课角色转变成学习活动的计划者、对自己学习过程的调控者、对自己学习结果的评价者的身份。教师的角色也发生了改变,从之前的知识的播种者转变成课堂活动的组织者、教学活动的研究者、学生学习的指导者的身份。

(三)情感性

英语学习不仅是一个语言认知的过程,还是一个情感交流的过程。当师生围绕着教材展开教学活动的时候,教师、教材与学生之间不仅是在传递信息,还是在交流情感。英语教学被视作传承异域文化的价值观念、实践成果等的中介。在新时代的高校英语教学改革中,情感、态度、价值观需要引起教师与其他学者的关注。学生对英语学习的情感不仅

---

① 韦健.大学英语教学评价模式的发展与创新[M].沈阳:辽海出版社,2019.

能够激发他们学习的兴趣,还能够让他们感受到英语学习的快乐,是一种丰富的内心体验过程。

三、高校英语教学评价的指标要素

(一)三定二中心

所谓"三定",指的是教师从教学材料的特点、内容出发,对本次课的达标层次位置进行设定,并分析各个目标层次可能需要用到的时间,然后考虑课堂评价的内容,对课堂展开定性的评价与分析。①

所谓"二中心",指的是课堂要以学生的活动为主体,同时教学任务主要是培养学生的能力。显然,这一原则是为了真正地适应学习,并且也为学生的学习提供了时间与空间。

(二)优期化配置各类活动

高校英语课堂有很多的活动,但是当前的课堂活动出现了多而乱的情况,一些本身梯度不够或者不同梯度的活动顺序出现了颠倒的情况,这就明显需要对课堂活动进行优化配置。要想对其进行合理的配置,需要做到如下几点。

第一,活动层次梯度应该明显。
第二,梯度要与学生的认知规律相符。
第三,让全体同学都能够参与其中。
第四,要设置多种多样的活动形式。
第五,对活动的时间进行合理的调整与反馈。

四、高校改革英语教学评价体系的必然性

现代化的教育评价理论认为,课程教学之中的重要环节不仅有教学活动,同时还有教学评价,教师可以通过教学评价改善自身的教学活动,

---

① 禹明,郑秉捷,肖坤. 中学英语教学评价[M]. 成都:四川教育出版社,2008.

获得反馈信息,进而提升自身的教学质量;学生可以通过教学评价,及时调整自身的学习策略,优化学习方法,从而保证自身真正掌握所学知识。形成性评价又被称为"过程性评价",就是评价学生在教育活动中形成知识技能以及学习态度的过程,然后获得相应的反馈信息,帮助教师合理调整自身的工作内容。在我国,课程评价的相关研究最早出现于20世纪80年代末或者20世纪90年代初,构成英语相关教学评价理论的基础主要为多元智力理论、建构主义理论、后现代主义理论、英语交际能力的多维性。就高校当前运用的英语教学评价体系而言,同时存在形成性评价以及终结性评价两种方式,在教学评价实践过程中均得到运用,且需要通过改革进行完善。①

五、高校英语教学评价现状分析

(一)以书面评价为主要评价内容

开设英语课程的主要目标在于培养学生实际运用英语语言的能力,以及运用职业英语的能力,保证学生能够在学习、工作和生活中对英语进行有效运用。课程评价应将语言实际应用能力和职业英语能力作为基础,从多维角度考核学生的英语知识掌握程度,以及学生运用英语语言交际的能力和创新运用英语的能力,还需要关注学生的价值观以及情感态度,给出更为全面的评价。但是我国部分高校在评价英语教学的时候,往往只关注书面知识,其考核评价内容为英语词汇量、运用语法的能力、阅读理解能力以及翻译能力。由于单纯地将书面知识作为主要评价内容,因此学生不会关注除了书本以外的英语学习板块,学生的学习成绩看似较高,实际上学生无法有效运用英语。

(二)教师是唯一的评价主体

在我国高校内部,英语教学评价体系之中的重要对象往往为英语教师,英语教师不仅是评价主体,同时也是被评价的对象,在学生与高校之

---

① 冯春,谷丰.信息化背景下的大学英语评价体系的构建与实践[J].湖南科技学院学报,2014,35(03):167-170.

间起了桥梁作用,直接影响评价体系的作用发挥,在评价体系内部的地位也十分重要。高校内部的英语教学评价,往往为教师评价,很少甚至从不开展学生自评、学生间互评的活动。由于教学评价主体单一化,因此英语教师容易给出主观色彩浓烈的评价,使评价结果失去应有的客观性。高校的学生必须参与到教学评价中,以此构建出完整的教学评价体系,同时彰显高校学生在教学过程中的主体地位。

(三)只关注对结果的评价而忽视对过程的评价

部分高校在开展英语相关教学评价活动的时候,往往只关注结果评价,没有对过程评价给予应有的关注,英语教师只凭借期末考试的成绩,判定自身的英语教学情况以及学生的学习情况,这样做严重忽视了学生的学习过程以及学习态度,同时也从侧面打击了那些对英语抱有强烈学习兴趣的学生,甚至导致更多高校的学生产生"理论至上"思想,无法在后续学习过程中提升自身综合运用英语的能力。

(四)缺乏具备激励性质的教学评价内容

高校内部的英语教师往往需要完成大量教学任务,英语教学只是其工作内容中的一部分,因此英语教师为了让学生在短时间内掌握英语知识,会选择在课堂内部长篇大论的讲解,然后草草进行评价。这样做忽视了学生的情感态度,而且个别英语教师没有在教学与评价过程中将更多的鼓励给予学生,导致学生在进入英语课堂之后缺乏应有的成就感以及学习积极性。

(五)缺乏对于听力等其他学习板块的评价

为数不少的高校在评价英语相关教学的时候更多地关注书面内容,虽然期末考试同时包括听力和笔试两部分,但是听力题目占据分数较少,而且仅凭期末考试的听力题答题结果对学生的英语能力进行判断,显得十分片面。还有部分高校并未考查学生"说"英语的能力,英语课堂内部的口语交际板块通常为"走马观花",即使英语教师在课堂内部给出评价,也缺乏实际的评价作用。

第七章　跨文化交际理论背景下高校英语教学评价的多元化

六、推动高校英语教学评价体系改革的策略

(一)高校应当及时转变英语教学评价理念

英语是高校内部的基础性课程,不仅具备工具性,也具备强烈的人文性,因此在评价过程中,必须先转变相关教学工作者对于教学评价的认知,同时转变课程评价理念。

英语教学相关评价体系的建设,必须遵循以学生为本的建设要求,重视对学生综合英语能力的评价。学生运用英语的能力,就是评估教学评价体系是否科学的标准,学生在整个英语相关教学评价体系建设当中居于核心地位,而且英语教师在开展教学工作的时候,必须将学生放在中心位置,并且将该理念运用于评价活动中,保证教学评价体系能够完善地建设。

除此之外,英语相关教学评价的内容也需要及时改革,英语教师必须突破传统的教学评价模式,开展综合评价活动,需要对学生的知识、态度、能力、情感、价值观等进行全面评价。[①] 在职业教育改革不断深化的今天,需要将学生运用英语知识解决职业问题的能力加入评价内容,保证英语教学评价具备正确的方向。在科学合理地设计评价内容之后,英语教师能够有效推动英语教学以及评价体系的改革,为我国社会培养更多的人才,同时解决以往英语教学评价片面化的问题。

(二)高校应当建设专门的英语教学评价模型

高校内部的英语课程具备明显的综合性以及复杂性,因此不仅要有序开展教学评价工作,同时还需要革新建设相关评价模型。在构建英语教学评价模型的时候,英语教师应当注重评价阶段、维度、问题的系统设计。高校英语教学的评价模型分为三个阶段,分别为准备、过程以及效果。为了使评价模型具备更强的科学性,需要考虑不同阶段面临的问题,从而使评价模型与教学评价工作紧密结合。

其一,准备阶段,需要准备好评价活动所需的资料,以及评价工作需

[①] 王帅英. 教学评价的后现代走向[J]. 亚太教育,2016(03):287.

要运用的信息,然后进行归纳与整合,同时总结以往教学评价体系之中存在的问题,从而在改革过程中解决该问题。

其二,过程阶段,高校将号召评价主体与客体的全面参与作为重中之重,其原因是教学评价工作并非某一个人或者一个专业内部的教师参与带来的结果,而是所有人共同参与后得到的结果,因此要做好过程控制与严格把关。

其三,效果阶段,总结已经得到的评价结果,然后将已经获取的评价结果作为依据,对公共英语教学的方法进行调整,指导学生运用更科学的英语学习方法,发挥出评价体系的诊断、整改、督促等良性作用。

(三)高校应当合理制订英语教学评价指标

高校英语教学评价体系的改革,应当适当地借鉴发达国家的外语教学评价标准,同时对我国高校的实际教学情况进行分析,兼顾其他类型的评价标准,以及国家精品课程评价指标体系中英语教学实际情况,制订科学合理的、能够切实发挥优势的教学评价体系,为评价具体指标奠定良好的基础。不仅如此,在评价指标的建设过程中,必须对教学评价相关的指标构成要素进行分析,分别就学生、教师、内容、背景四个层面进行评价,重点关注教学管理工作相关评价活动。

需要注意一点,那就是评价体系的建设必须做到以人为本、内容多元、促进发展,评价指标必须具备多个维度,而不是运用单一维度。例如,在教学评价指标建设的准备阶段,英语教学评价应当重点分析教学资源以及教学内容等,同时考量教学的理念、意向以及策略,更需要考量教师和学生的个性特征、学生已经掌握的英语知识、学生所运用的学习方式等。在正式开展英语课程教学之后,应当评价教师的教学策略、学生的学习方法、课堂内部是否具备学习氛围、教学内容是否丰富合理等。在教学效果阶段,应当评价教师的教学工作是否达标、学生的发展情况等。所有指标权重必须得到合理设计,量化评价所有的指标。

(四)高校应当深化应用英语教学评价结果

在改革教学评价体系的过程中,英语课程的教学评价必须结合现有的评价结果,深入开展教学改革,从而使教学评价体系得到持续建设和完善。在获取教学评价结果的时候,不仅要进行定量计算,还需要对评

第七章　跨文化交际理论背景下高校英语教学评价的多元化

价结果进行定性分析,坚持综合性的评价原则,不能单纯地为了获得教学评价结果而将所有内容简单叠加。在安排教学评价权重的时候,必须考虑到关联程度以及知情程度,从而获得更为客观的评价结果。不仅如此,还要将评价结果进行公示,接受全体师生的监督,避免评价结果的内容失真。

在获取评价结果以后,必须在实际英语教学工作中得到运用,同时融合英语教师的评奖评优、薪酬绩效、职称评定、学生综合评估等内容,使评价体系发挥出导向作用。

首先,在实施英语教学活动方面,英语教师必须及时更新自身的教学理念,更多地在教学过程中培养学生运用英语的能力,还需要尊重学生群体存在的个性差异,在设计教学方法的过程中,将学生放在核心位置,实现因材施教的教学目标。

其次,在管理教学活动方面,高校应当关注先进的信息技术,对现有的教学资源进行丰富,同时建设信息化的教学评价平台,保证英语相关教学评价体系的建设能够适应现阶段改革发展的要求。

综上所述,英语课程教学在我国高校内部占据着重要的地位,但是在对英语的教学活动进行评价的过程中存在一系列问题,需要通过改革加以解决。高校应当不断推动教学评价体系的改革工作,以此完善英语教学的评价体系,从而提升自身人才培养的质量。

(五)高校应当强化英语形成性评价

1. 建立学生个人学习记录档案

建立学生个人学习记录档案,对于指导学生正确应用自我价值评价系统非常重要。个人的学习记录档案一般是教师在日常学习评价过程中逐渐建立起来的,有助于评价一个学生平时自我学习活动方式、行为和表现的一种积累。个人学习档案中的主要内容是对学生的成长评价,有利于奠定学生思想基础,进一步激发其学习动力和积极性,促进学生的全面发展。教师充分利用个人学习档案中的评价内容,不仅可以随时让所有同学看到、了解自己的成长路径,还可以帮助学生了解自己的进步和不足,以及思考自己接下来的目标和计划,有利于激发和促进他们发展。

2. 追求评价的公平性

兴趣是学习的先导。学生第一次接触英语会充满好奇心,如果教师在45分钟的课上不能激发学生的兴趣,学生学习的新鲜感很快就会消失。因此,教师应发挥形成性评价的作用,适时鼓励学生。例如,在教学时,如果学生能准确地回答问题,教师的赞美将是一种极大的鼓励,会激励他们更加努力地学习。在评价过程中,教师应鼓励学生以多种方式表达自己,增加他们的自信心。学生的作业、行为模式和学习情绪等应该通过积极有效的自我比较、自我反思、自我动机等进行评价。学生接受和喜欢的评价,本质上是学生对教师的最大认可。

在整个评价教育的环节中,教师要力求科学、准确地将最终评价考核结果直接反馈给学生,让所有学生及时认清自己真正的长处和短处,从而更全面、更理性、更客观公正地提升自己,追求人生更进一步的持续发展。学生平时的课堂学习时间可以尽量通过多种组织方式灵活调整,例如,团队成员之间进行自主对话讨论,让学生学会认真回顾、反思、评价课堂学习活动过程,调整学习和积极改进学习计划,学习能力很快就能得到有效提高。

3. 完善形成性评价体系

在形成性评价系统中使用反馈可以有效改善学习效果,但仅靠反馈并不那么有效,因为反馈就相当于将深度学习的责任和进一步改进转移给学生。形成性评价包括三个阶段:前馈—反馈—后馈。前馈帮助学生了解他们的学习目标并知道如何评价自己,换句话说,就是它告诉你"去哪里";反馈让学生了解自己的优点、弱点以及他们的表现;后馈进一步指导学生如何在此基础上进行构建和改进,以便清楚了解下一步该往哪里走。只有这三个部分在形成性评价体系中并存,才能有效促进学生学习。

(1)进行前馈。作为形成性评价系统的重要组成部分,前馈要回答"去哪里"这个问题。它主要包括三个部分:明确的目的、动机和目标设定。学生必须首先了解每节课的目的以及为什么这些知识、目标、信息是重要和适当的。当目标一致并且学生受到激励时,形成性评价系统就会起作用。

(2)进行反馈。越来越多的例子表明,反馈越快越好。反馈与学生

第七章　跨文化交际理论背景下高校英语教学评价的多元化

的表现密切相关时,反馈会更有效。反馈应该是具体的,通过反馈指出学生做得好的地方和需要改进的地方,学生便可以做出有效的调整。反馈应该是可以理解的,只有当学生理解反馈内容时,反馈才有效。反馈的意义在于学生可以通过反馈的内容进行自我调整,缩小与目标的差距,这样教师提供的反馈才具有实际意义。

在形成性评价系统中,学生可以通过反馈了解他们当前的知识状态。然而,仅靠反馈是不足以促进理解的,需要教师进一步的指导。没有额外指导的反馈有助于激励学生,但会削弱他们的学习热情。反馈是个性化的,是根据学生的需求量身定制的,这一点非常重要。

教学过程的一个重要部分是检查学生的理解程度,检查理解应该与指令同时进行,而不是在给出指令之后。一旦目标达成一致并开始上课,教师必须不断确保学生理解目标并帮助他们朝着目标前进。这种反馈策略尤为重要,在设计教学活动时,教师应考虑如何将学生的理解形象化,以便为下一阶段的教学提供有力的证据。反馈本身不是很重要,教师应在反馈后提供指导和建议,但教师不应直接说出答案,应引导学生循序渐进地思考,并以提问的方式引导学生走向正确的方向,同时在需要时给予鼓励。形成性评价体系中的每个环节对教学目标的实现都起着重要作用,教学目标也是形成性评价体系的重要组成部分。

(3)进行后馈。后馈分为四个层次,每个层次都针对特定的内容,但后馈的层次应该与有效的教育目标保持一致。第一级后馈是对学习作业的反馈或纠正性反馈,这是教师最常用的后馈类型,对纠正错误最有用;第二级后馈是对学生认知过程的反馈;第三级后馈是与学生自我评价和自我管理相关的自我调节反馈;第四级后馈是关于个人的自我评价,并关注学生本人。

4. 使用多样化的形成性评价方法

教师应根据自己课堂上的学生反馈和作业本上表现出来的情况,及时调整教案。教师在讲课前要做到时刻坚持"把课堂还给学生"的课堂教育原则,让学生自己去完成,并成为整个课堂的实际参与者。教师还要教会学生善于自我解决及综合分析,使每位学生最终能够从中学会将自身所学专业知识应用于思考和解决一些现实生活问题,对自己一生的职业生涯负责,成为另一种自主专业知识学习者和评价者。

（1）使用自我评价。自我评价的方法其实有很多，可以用于激励学生主动完成学习进度，激发他们自己去独立思考，激励他们深入了解当前需要完成的具体学习目标情况和需要继续改进的地方。自我评价可以迅速改善学生积极地生活情感态度，引导学生产生学习动机，激发出学生强大的个体自信心，这是实现终身教育价值的重要前提。

（2）使用同学评价。同学评价法作为形成性评价系统的主要关系评价方法之一，具有十分重要且深远的学术意义。形成性学习评价体系中的同学资源评价体系是指关于学生支持同学学习，同时允许其他学生进行相互学习活动的评价资源。在同学资源评价中，学生通过发现自己的弱点，相互帮助，评价同伴的长处和短处。但是，教师在同学评价中的作用不容小觑，他们应该在评价者的表现中发挥领导作用，并及时提供反馈。

（3）使用教师评价。教师评价在传统评价中占据绝对主导地位，但在形成性评价中，每一步都需渗透到师生互动中。学生自身的自我评价过程和社会相互评价同样离不开教师的综合评价，教师评价的作用在于促进学生主动学习，但一般不应完全采用单一的教师评价方式，而应注意与每位学生一起提供支持、协作。教师可以直接通过在作业上的解答情况、课堂上的提问情况和建立学生学习成绩档案来进行评价。

5. 保护学生的自尊心，树立其学习信心

如果教师经常指责学生，学生表面上可能不会表现出什么，但实际上教师可能已经扼杀了学生的自尊心和学习能力。在课堂上，学生不一定能很好地表达自己，如果教师在这个时候对学生进行形成性评价，鼓励他，那么即使他犯了错误也会带着希望的微笑积极回应教师。相信教师这种鼓励学生学习英语、容忍错误、默默评价的思想，不仅会激发学生学习英语的兴趣，还会对学生的自尊心起到保护作用。

6. 构建逐步释放责任的教育框架

逐步释放责任的教育框架包括五个部分：目标设定、教师示范、顾问机制、有效的小组工作和独立学习。

（1）进行目标设定。教师在备课时都会设定教学目标，但并非所有学生都知道这一点。笔者认为，在课程开始时告知学生学习目标是非常有必要的。

第七章　跨文化交际理论背景下高校英语教学评价的多元化

（2）开展教师示范。在学校,学生不仅要学习知识,还要学习如何思考、提问和反思。学生需要教师为他们的思维过程建模,以便自己可以逐步开展自主学习。教师示范的重要性在于思想是无形的,让学生一步一步地了解教师是如何解决问题的。教师还要教会学生善于自我解决及综合分析,使每位学生最终能够从中学会将其自身所学专业知识应用于思考和解决一些现实生活中的问题。

（3）设置顾问机制。督导从询问、鼓励、解决三个方面进行。问题是用来检查学生的理解情况,当学生理解的不正确时,要鼓励学生思考。当鼓励不起作用时,教师应提供一些线索,学生利用给定的线索来解决问题。

（4）开展高效的小组作业。小组合作学习是必不可少的,小组合作可以更好地整合和应用所学知识。此外,小组合作中最重要的是让每名小组成员承担责任,并通过小组成员之间的相互合作进一步加深对目标语言和技术的理解。

（5）引导学生进行独立学习。教育的最终目标是培养能够独立思考的终身学习者,因此每节课都应该为学生提供独立应用所学知识的机会。一项有效的独立任务应具有及时性,当教师给学生一个独立的任务时,他们必须在一定程度上成功地完成给定的学习内容,并具备独立完成任务的能力。

打造高效课堂是每一位教师的目标,持续地研究、教学和学习也是每一位教师的使命。形成性评价对课堂教学具有广泛的意义,值得所有教师深入研究,研究和开发有效的评价模型是所有教师的职责和责任。

第二节　高校英语跨文化交际教学评价的多元路径

一、自主评价

（一）制订反思内容

反思内容最好以表格形式呈现,并且要结合具体的任务来设计。可采用自我反思表的形式,如表 7-1 所示。

表 7-1　关于听力的自我反思表①

学生姓名_____
填表日期_____

本人认真回顾了从_____月_____日到_____月_____日早自习时间我的听力情况,我共听听力_____次,我收获很多。
1. 在听力习惯和能力上,我的进步体现在:_____。
2. 我觉得取得听力进步的原因在于:_____。
3. 在听力过程中,我还需要改进一些问题(听力习惯、语音、语调、句型、非智力因素等):_____。
4. 教师、同学、家长的意见:_____。
5. 我想说:_____。

(二)给自己打分

在教与学的过程中,学生不仅是被评价的对象,而且是评价的参与者。自我客观评价可以提高学生学习的主动性和积极性,促进学生对自己学习进行反思,并帮助学生掌握评价技术,增加教师的评价信息,这一点是确信无疑的,难的是教师在教学实践中如何实施学生的自我评价。有效地让学生进行自我评价,实际上就是完善了教师的评价工作。完善的内容比起让教师来做,能更加有效地促进学生的学业发展。②

二、成长记录评价

(一)成长记录的建立

成长记录作为一种典型的质性评价方式,主要用于教师的课堂评价实践。英语学科的成长记录可以按照听、说、读、写分门别类,根据教学

---

① 王哲. 互联网环境时代背景下的英语教育形态[M]. 哈尔滨:黑龙江教育出版社,2013.
② 同上.

第七章　跨文化交际理论背景下高校英语教学评价的多元化

需要来设计。具体来说,可以从如下着手。①

(1)指导学生在档案袋中做好学习记录。

听:

能否听懂教师的教学指令:＿＿＿＿＿＿

能否听懂同伴的交流语:＿＿＿＿＿＿

听音练习时间:＿＿＿＿＿＿分/天

听音材料所涉及的话题:＿＿＿＿＿＿

完成听音指令的比率:＿＿＿＿＿＿

说:

上课的发言次数:＿＿＿＿＿＿

教师的评语:＿＿＿＿＿＿

同学们的反应:＿＿＿＿＿＿

完成课堂活动情况:＿＿＿＿＿＿

在与同学完成任务中承担的角色、所起的作用:＿＿＿＿＿＿

你学习的话题:＿＿＿＿＿＿

你能用这些话题完成的任务:＿＿＿＿＿＿

读:

阅读量:＿＿＿＿＿＿字/天

阅读速度:＿＿＿＿＿＿字/分

阅读的准确率:＿＿＿＿＿＿

能否概括出段意:＿＿＿＿＿＿

生词积累数:＿＿＿＿＿＿

写:＿＿＿＿＿＿

自拟题写作情况(题目、词数、关键词):＿＿＿＿＿＿

阶段反思:＿＿＿＿＿＿

(2)指导学生选择放入档案袋中的作品

听:

你最喜欢的听音材料:＿＿＿＿＿＿

你最骄傲的听音结果:＿＿＿＿＿＿

---

① 王哲.互联网环境时代背景下的英语教育形态[M].哈尔滨:黑龙江教育出版社,2013.

说：

你最骄傲的课堂表现记录：_____

你得到的嘉奖证明：_____

读：

你最喜欢的作品：_____

你最感兴趣的作品：_____

你最骄傲的作品：_____

写：

修改前的作品：_____

修改后的作品：_____

最骄傲的作品：_____

最不满意的作品：_____

其他：_____

学生档案袋中记录的学生学习情况能帮助教师了解学生学习的整体概况，从而做出教育决策。

（二）成长记录的运用

建立学生成长记录需要师生双方长期的不懈坚持和努力，尤其是起始阶段，需要教师的引导和督促。也就是说，教师需要有意识地提醒学生明确搜集材料的目的，定期进行成长记录的更新，展开学生之间的交流，甚至争取家长的支持，以便相互借鉴、共同提高。相信随着时间的推移，成长记录会成为教与学的珍贵的第一手资料。[①]

第三节 跨文化交际理论背景下高校英语动态评价体系的建构

一、动态评价的理论框架

动态评价源自社会文化理论，主要对学习者的最近发展情况予以关

---

① 王哲. 互联网环境时代背景下的英语教育形态[M]. 哈尔滨：黑龙江教育出版社，2013.

第七章　跨文化交际理论背景下高校英语教学评价的多元化

注,强调通过对学生学习方面的变化情况进行观察和记录,对学习者认知能力的变化过程进行了解。

一般认为,评价者通过与学生展开互动,对学习者的认知过程与变化情况加以了解,从而探究学习者潜在的能力,提供给学习者恰当的干预手段,促进学习者的全面进步与发展。因此,有人将动态评价称为"学习潜能评价"。

与传统的评价手段相比,动态评价不仅可以将学习者的英语语言实际水平反映出来,而且在评价中,教师可以发现学习者学习中存在的问题,对这些问题进行干预,保证教师的英语教学效率与学生的英语学习水平。

不同学者对动态评价研究的视角不同,得出了不同的评价模式,归结起来,主要有两种:一种是干预式,即对量化指标非常侧重,教师提供的帮助是预先设计好的;另一种是互动式的,即对定性指标非常侧重,教师提供的帮助是师生之间展开互动。只有将两种评价手段结合起来,才能使得动态评价发挥出应有的作用。

二、建构高校英语教学动态评价模式的意义

在互联网技术下,科学有效的评估对于高校学生的英语学习非常重要。对于教师来说,有助于改善教学环境,促进教师对自己的教学过程有清晰的了解,改进自身的教学手段和方法,搭建师生和谐的互动平台。我国现有的评价模式存在明显的缺陷,而的高校英语教学动态评价模式可以解决这一问题。具体来说,高校英语动态评价模式具有如下两点意义。

(一)提升学生学习的积极性

对于学生来说,英语学习兴趣是最好的老师,如果能够帮助学生建构英语学习的兴趣,那么就能够提升英语教学的效果。传统的高校英语评价模式很难调动学生学习的积极性,学生往往是被动地接受知识,持有的也是一种"完成任务式"的心态,因此很难获得较好的英语教学效果。

相比之下,高校英语教学动态评价模式能够将学生的学习潜力挖掘

出来，实现学生高质量的学习。实际上，学生的学习能力本身相差不大，如果采用科学的教学手段，那么就可以将不同学生的学习潜力激发出来。

同时，高校英语教学动态评价模式还可以实现师生之间的和谐互动，教师改变了以往"高高在上"的局面，与学生展开互动交流，从而将学生学习英语的积极性激发出来。

（二）培养学生的学习信心

高校英语教学动态评价克服了传统高校英语教学评价模式的弊端，帮助学生获取英语学习的信心。学生通过对英语学习阶段的了解，可以建构自己对英语学习的信心。实际上，学生的英语学习信心与教师有着密切的关系，如果学校建立了高校英语教学动态评价模式，那么教师的整体水平就会得到提升，从而使得学校、教师、学生之间实现和谐发展。

三、从动态评价的角度改善学生的英语学习情况

情感、师生作用、环境等因素都会导致学生的英语学习问题，下面就从动态评价的角度对大学生英语学习情况进行改善。

很多大学生因为语言交际中本身存在的焦虑状态以及领会能力欠缺等问题，导致出现高校英语学习问题，但是通过干预式与互动式可以对其进行缓解。

语言交际的焦虑恐慌可以通过与他人交互进行缓解，交互式评价强调师生之间展开面对面的交谈。例如，教师可以将个体的口语评价划分为两大阶段。在第一阶段，主要是选择学生熟悉的话题展开交谈，对谈话内容展开静态评价，这样便于了解学生在口语学习中存在的不足之处。在第二阶段，从静态评价转向动态评价，应该采用干预式评价手段，对学习者在第一阶段存在的问题进行干预，并提供建议与帮助，这样就有助于缓解学生在口语交际中的焦虑恐慌。

在互动式动态评价中，教师可以对现阶段学生的学习动机、学习需求等差异有清楚的了解，为下一阶段学生英语学习中存在的问题进行预估，及时为学生提供干预手段。师生在交流互动中，教师对学习者有清楚的了解，学生也会感到教师是关心他们的，从而产生满足感，愿意投身

于英语学习中,这样由于师生关系引发的英语学习问题也可得到改善。

高校英语教学动态评价强调学生在学习了一段时间的英语后,与前段时间的英语学习进行比较,关注如何改进自己的英语学习方法,获取理想的英语学习结果。其对学习者本身的发展非常关注,教师也应从学生的动态互动中,发现学生英语学习中的问题,改进自身的英语教学问题,对这些问题进行适当的干预,从而真正实现因材施教。

四、多元智能理论与多元评价的应用

多元智力理论是哈佛大学教授加德纳在他的著作《智力的结构》一书中所提出的,加德纳认为智力并非只有一种单一的类型,而是多种智力类型的有机统一,人们在学习生活中所呈现出来的智力类型是多元化的。

人的智力具有个体差异性,这种差异不仅体现在个体之间,也体现在个体内部。同时,人的智力也并不是固定不变的,而是处于不断发展变化的过程中。多元智力理论自传入中国之后,便引起了教育界的广泛关注,探索该理论与各学科融合发展的研究层出不穷。多元智力理论对于英语教学评价的优化有着重要的参考价值。

(一)多元智力理论与多元评价

加德纳的多元智力理论被提出之前,学校通常只注重学生"读"和"写"这两方面能力的培养,但这两种能力显然无法体现出人类全部的智能,因此加德纳的多元智力理论是一种全新的智力结构理论,并且对以往的智力评价模式产生了严重的冲击。

在多元智力理论中,加德纳认为如果只是将人类的智力局限于逻辑与语言这两点是十分片面的,难以将一个人真正的智力水平展示出来。相反,人类的智力构成应该是多元化和综合性的。多元智力理论认为,人的智力主要包括八种基本智能,它们之间彼此独立又相互统一。同时多元化智力理论主要强调以下几点。

一是每个人都具备这八种智能,但它们在每个人身上的组合类型、呈现方式各不相同,这也使每个人的智力类型都是独一无二的。

二是虽然每个人都有这八种智能,但由于各种因素的相互作用使得发展方向和程度千差万别。

三是多元智力是以语言和逻辑能力为基础的综合能力。

四是多元智力是以相对独立的形式呈现出来的,而并非以整合的形式呈现出来的,同时,多元智力理论也是多元化评价模式的理论基础。

加德纳认为,一个人智力的发展不仅受个体内在因素的影响,还会受外部环境的影响。只有兼顾内外各种因素对人类智力的影响,才可以完全理解多元智力理论。所以,加德纳对以往的智力理论提出了质疑,并主张改变传统狭隘的智力评价模式,转而采用多元化的评价模式。

学生的能力是各不相同的,每名学生都有自己的优点和缺点,学生在学习过程中所表现出来的智力类型并非单一维度的,而是多元化的综合体现。因此,在评价时要坚持多元化的评价方式。多元化评价强调对学生评价时应该从多个角度,采用多种方法,通过全面与发展的眼光去评价他们的智力。这样对学生智力的评价才会更加客观全面,才能够更好地促进学生的个性化发展。

(二) 多元智力理论下英语教学评价的必要性

1. 使每位学生得到全面评价

多元智力理论下英语教学评价是一种立体化的教学评价模式,通过这种评价,每位学生都可以在自身智力水平上得到更好的发展,都能在学习中有所成长。

在多元智力理论下的英语教学评价中,每位学生智力构成中的特点和优势都将会得到相应的评价。例如,有些学生擅长英语听力,有些学生擅长英语写作,有些学生擅长英语口语交际,无论是哪种智力类型,都可以得到客观的评价,这相对于以往单一评价标准的评价模式更加客观全面。需要强调的是,在当前应试教育背景下,尤其不能单纯以成绩好坏去评价学生的优劣,而要对学生的各个方面进行综合评价,这样才能保证评价的真实性、客观性。

2. 帮助学生树立自信心

多元智力理论下的英语教学评价与以往单一化的评价模式有着本质区别,它能够帮助不同层次的学生树立自信心。教师可以结合学生的

第七章 跨文化交际理论背景下高校英语教学评价的多元化

具体情况去制订差异化的评价方案和标准,对于不同类型和层次的学生采用差异化的评价标准。例如,在评价英语基础较差的学生时,教师可以着重评价他们相较于以往取得的进步,让他们看到自己努力的结果,从而帮助他们建立自信心。对于那些英语成绩优秀的学生,教师在评价时可以着重评价他们个性化方面的发展,这样可以帮助他们巩固和提高学习英语的自信心。

再如,对于那些虽然成绩不是特别优秀,但是有自己特长的学生,如擅长英语口语、英语写作、英语交际、英语阅读等,这些闪光点在以往以成绩为中心的评价模式中是经常被忽视的,而在多元智力理论下的英语教学评价中,教师可以有针对性地结合他们的闪光点进行评价,这样可以让学生意识到以往他身上被忽视的优点,从而逐渐建立起学习英语的自信心。

3. 契合人性化的教育理念

学生的智力千差万别,再加之后天外部环境的影响,这种差异性就显得尤为突出,因此单一的评价模式难以满足学生的发展需求。同时,学生的个体差异性会使学生对英语学科的理解和认知产生重要影响,教师在评价英语教学时应该意识到这一点,确保英语评价兼顾人性化与理性化的特征,坚决杜绝"一法评千人"的评价模式。

多元智力理论下的英语教学评价要求教师不仅要关注学生的差异性,还要兼顾其他方面,为不同水平的学生提供更为广阔的发展空间。面对当下英语教学中存在的问题,教育理念的革新是十分必要的,需要在多元智力理论下去探讨问题的解决之道。基于多元智力理论的英语教学评价模式能够激发学生学习英语的热情,让学生从被动学习转变为主动探究,并帮助学生树立强大的自信心,进而促进他们的全面发展,彰显人性化的教育理念。

(三)多元智力理论下的英语教学评价优化策略

多元智力理论与教育的结合推动了教育个性化的发展,这种教育个性化的发展更加突出各种教学方式的开发,其目的就是使各种智力类型的学生都可以得到相应的发展。

在英语教学中,基于多元智力理论的教学评价有其独特的优势,即教师在认识到学生智力差异的基础上,帮助他们形成符合各自智力类型的学习风格、策略等,尽可能地发掘他们智力类型中的强项,激发潜能,从而让他们在英语学习过程中取得相应的发展。在多元智力理论下的英语教学评价中,我们应该从以下几点去优化完善。

1. 评价理念多元化

多元智力理论强调智力是多元化的,任何一种智力类型都具有自身独特的价值,不能简单地认为某一种智力类型就一定比另一种更好。同时,多元智力理论也强调每一名学生的智力构成都是独一无二的,每一位学生的智力构成都有强弱项,因此教师应该树立多元化的评价理念。

构建多元智力理论下的英语教学评价体系是为了激发学生各方面的潜能,并让他们认识到自己的强项弱项,这样可以使他们更加客观地认识自我,从而更好地发展自我。同时,教师还可以通过多元评价积极鼓励学生去发展自己的智力强项,并将智力强项中所展现出来的品质与特点迁移到智力弱项中,以强项带动弱项,从而使学生各方面的智力得到均衡发展,这样才能促进学生的全面发展。

总之,多元化的评价理念应该以学生的全面发展为中心,突出教学评价的整体性,将教学评价和学生英语各方面素养的提升联系在一起,从而更好地促进学生英语综合素养的提升。

2. 评价内容多元化

可以通过让学生写英语日记来评价学生的观察记忆能力以及自我反省能力,或者组织学生制作英语黑板报、英语口语交流活动来评价学生的绘画能力、交际能力以及情绪表达能力等。基于多元智力理论的英语教学评价不应该只注重对学生听、说、读、写、译等智力因素的评价,更应该注重对他们学习态度、毅力、交际能力等非智力因素的评价。

英语智力因素的评价并非教学评价的唯一评价内容,教师在评价过程中应该设定多元化的评价内容,通过多方面的考察评价,给予学生展示自我的机会,鼓励他们扬长避短,这样才能更好地促进英语综合素养的提升。

第七章 跨文化交际理论背景下高校英语教学评价的多元化

3. 评价主体多元化

多元智力理论下的英语教学评价主体不但强调教师的评价,而且强调学生以及家长的评价,倡导评价主体的多元化,鼓励各评价主体之间相互沟通合作。这样既能够使学生由被动的评价对象转变为主动的评价主体,也能够使教师从评价的权威转变为评价的组织者与辅助者,使家长从评价的旁观者转变为评价的参与者。[①] 因此,应该积极采用多元化评价主体的评价模式。具体而言,评价主体的多元化主要体现为以下几种形式。

一是学生自评。通过学生自评可以提升学生的自我反思能力,还可以让他们养成勤于思考的好习惯,并逐步使学生成为一个善于自省、能够自主学习的人,为他们的终身学习奠定基础。不仅如此,通过学生自评,教师可以发现学生在学习中的需求与态度,这样有利于教师在以后的工作中更好地优化与完善英语课堂教学。

二是学生互评。学生互评不仅可以使学生参与到评价活动中,还能够提升他们的沟通与协调能力。同时,在学生互评过程中,学生之间还可以学会相互尊重和相互欣赏,懂得在相互协作的过程中去学习对方的优点,这对于培养学生的自我学习能力大有裨益。

三是家长参与评价。家长参与到评价的过程中可以使评价的价值得到极大的提升。家长在评价时可以通过观察孩子在家里的表现情况、与孩子进行私下谈心、与教师沟通交流、查看孩子平时的作业完成情况等形式,全面地了解孩子的情况。由于家长处在旁观者的位置上,对于孩子情况的观察会更加客观,因此家长的评价会更具有参考价值,同时也能够更有针对性地协助教师完成教育教学工作。

4. 评价方式多元化

教师可以利用问卷调查的评价方式。在问卷调查过程中,学生可以将一些不便在老师面前讲的事情写下来,这种评价方式会发挥出意想不到的作用。另外,还可以采用学习档案袋的评价方式,教师通过查阅学

[①] 朱永诚. 多元智能视角下的中学英语教学多元评价实践[J]. 中小学教材教学,2005(03):86-89.

生的学习档案袋，可以对他们的学习情况有一个整体的了解，这样能够从更加宏观的角度去评价他们，评价的效果才能够达到最大化。

5. 评价标准多元化

多元智力理论下的英语教学评价应该打破传统评价中"一刀切"的做法，采用更为多样化的评价标准，用不同的标准去评价学生。素质教育所倡导的全面发展并不是平均发展，每位学生的资质各不相同，单一的评价标准难以满足现代教育的发展要求，不利于学生多元化发展。因此，多元智力理论下的英语教学评价应该采用多元化的评价标准。例如，在面对那些学习成绩优异的学生时，教师可以采用"常规参照评价"，通过这种评价标准，让学生找到自身的不足，并向着更高的目标迈进；对于那些成绩处于中间层的学生而言，可以采用"目标参照评价"，通过这种方式让他们意识到自己和目标之间的差距，然后向着参照目标努力；对于那些学困生，可以采用"自我参照评价"，当这些学生相较于之前的自己有进步时，教师就应该给予及时的鼓励，激励他们在以后的英语学习中再接再厉。因此，在英语教学中，教师应该结合学生的具体情况，设置多元化的评价标准，使每位学生都可以得到不同程度的提升。

综上所述，基于多元智力理论下的英语教学评价模式不仅可以使学生的能力素养得到综合评价，还能够促进他们英语综合素养的全面提升。在这一过程中，教师也能够获得有关英语教学方面的各种信息，这对于教师总结反思自己的英语教学工作大有裨益，有利于教师专业素养的不断提升。此外，基于多元智力理论下的教学评价模式也可以使学校了解到自身管理方面的不足，从而帮助学校更好地完善各项教学管理工作。

总之，多元智力理论下的英语教学评价对于学生的学习成长、教师能力的提升以及学校教学管理工作的完善都具有积极的影响，因此在以后的教育教学过程中应该积极推广和倡导。

参考文献

[1]陈俊森,樊葳葳,钟华.跨文化交际与外语教育[M].武汉:华中科技大学出版社,2006.

[2]杜秀莲.大学英语教学改革新问题新策略[M].济南:山东大学出版社,2011.

[3]房玉靖,姚颖.跨文化交际实训[M].北京:对外经济贸易大学出版社,2020.

[4]高永晨.文化全球化态势下的跨文化交际研究[M].南京:东南大学出版社,2006.

[5]关世杰.跨文化交流学[M].北京:北京大学出版社,1995.

[6]韩卓.大学英语跨文化交际:中西文化比较研究[M].长春:吉林大学出版社,2019.

[7]何广铿.英语教学法教程:理论与实践[M].广州:暨南大学出版社,2011.

[8]胡文仲.跨文化交际教学与研究[M].北京:外语教学与研究出版社,2015.

[9]胡文仲.跨文化交际学概论[M].北京:外语教学与研究出版社,1999.

[10]胡文仲.跨文化交际与英语学习[M].上海:上海译文出版社,1988.

[11]黄净.跨文化交际与翻译技能[M].天津:天津大学出版社,2019.

[12]贾岩,张艳臣,史蕊.跨文化翻译教学中本土化身份重构策略研究[M].北京:清华大学出版社,2014.

[13]贾玉新.跨文化交际学[M].上海:上海外语教育出版社,1997.

[14]蒋晓萍.中国外语教学中的跨文化教育[M].广州:广州出版

社,2006.

[15]金惠康.跨文化交际翻译续编[M].北京:中国对外翻译出版公司,2004.

[16]金真,张艳春.跨文化交际英语[M].上海:上海交通大学出版社,2015.

[17]康莉.跨文化视角下的大学英语教学:困境与突破[M].北京:中国社会科学出版社,2014.

[18]李成洪.英语教学与跨文化传播[M].沈阳:东北大学出版社,2013.

[19]李春兰.跨文化交际理论应用于高校英语教学的实践研究[M].徐州:中国矿业大学出版社,2018.

[20]李攀攀.跨文化交际与翻译理论研究[M].长春:吉林大学出版社,2019.

[21]李少华.英语全球化与本土化视野中的中国英语[M].银川:宁夏人民出版社,2006.

[22]李婷.跨文化交际研究与高校英语教学创新探索[M].北京:九州出版社,2019.

[23]林新事.英语课程与教学研究[M].杭州:浙江大学出版社,2008.

[24]刘戈.当代跨文化交际发展研究[M].长春:吉林大学出版社,2020.

[25]刘涵.英语人才跨文化交际能力研究[M].北京:知识产权出版社,2019.

[26]刘向政.英语教育的连贯与一致[M].海口:海南出版社,2007.

[27]刘艳秋.跨文化交际与外语教学[M].北京:中国科学技术出版社,2007.

[28]刘重霄,刘丽.跨文化交际实训:双语[M].北京:对外经济贸易大学出版社,2018.

[29]路景菊.大学英语教学研究[M].长春:吉林大学出版社,2007.

[30]罗少茜.英语课堂教学形成性评价研究[M].北京:外语教学与研究出版社,2003.

[31]彭云鹏.医学情景跨文化交际能力研究[M].石家庄:河北人民出版社,2018.

[32]瞿葆奎.教育评价[M].北京:人民教育出版社,1987.

[33]沈银珍.多元文化与当代英语教学[M].杭州:浙江大学出版社,2006.

[34]盛辉.语言翻译与跨文化交际人才培养策略研究[M].长春:东北师范大学出版社,2019.

[35]史艳云.大学英语中的跨文化交际[M].长春:吉林人民出版社,2020.

[36]宋云霞.中国英语教育中的文化教学与跨文化交际能力培养[M].长春:吉林大学出版社,2019.

[37]苏承志.英语交际能力与策略[M].上海:复旦大学出版社,2004.

[38]孙公瑾,丁石庆.文化语言学教程[M].北京:教育科学出版社,2004.

[39]孙英春.跨文化传播学[M].北京:北京大学出版社,2015.

[40]孙英春.跨文化传播学导论[M].北京:北京大学出版社,2008.

[41]汪玥月.英语教学与跨文化交际[M].长春:吉林大学出版社,2016.

[42]王欣平.英语跨文化交际教育与教学实践研究[M].长春:吉林人民出版社,2019.

[43]文秋芳.英语口语测试与教学[M].上海:上海外语教育出版社,1999.

[44]吴进业,王超明.跨文化交际与外语教学[M].开封:河南大学出版社,2005.

[45]吴为善,严慧仙.跨文化交际概论[M].北京:商务印书馆,2009.

[46]武琳.跨文化交际与英语教学研究[M].长春:吉林出版集团股份有限公司,2016.

[47]许力生.新编跨文化交际英语教程[M].上海:上海外语教育出版社,2019.

[48]许丽云,刘枫,尚利明.大学英语教学的跨文化交际视角研究与创新发展[M].北京:中国商务出版社,2020.

[49]闫文培.全球化语境下的中西文化及语言对比[M].北京:科学出版社,2007.

[50]严明.跨文化交际理论研究[M].哈尔滨:黑龙江大学出版社,2009.

[51]杨俊光.基于跨文化交际视角的英语教学研究[M].长春:吉林大学出版社,2019.

[52]杨玲梅.多元背景下的大学公共英语教学与跨文化交际研究[M].北京:北京工业大学出版社,2019.

[53]杨勇萍.跨文化交际与英语文化教学[M].太原:山西人民出版社,2012.

[54]余林.课堂教学评价[M].北京:人民教育出版社,2006.

[55]余卫华,湛莉.跨文化交际教程[M].杭州:浙江大学出版社,2019.

[56]张伯敏.现代信息技术环境下的外语教学[M].海口:海南出版社,2006.

[57]张岱年,程宜山.中国文化论争[M].北京:中国人民大学出版社,2006.

[58]张公瑾,丁石庆.文化语言学教程[M].北京:高等教育出版社,2004.

[59]张红玲.跨文化外语教学[M].上海:上海外语教育出版社,2007.

[60]张健坤.跨文化交际英语教学与研究[M].北京:冶金工业出版社,2019.

[61]张鑫.英语教学的理论与实践[M].北京:知识产权出版社,2012.

[62]赵艳.跨文化交际与英语思维教学研究[M].长春:吉林大学出版社,2017.

[63]朱建新,刘玉君.跨文化交际与礼仪[M].南京:东南大学出版社,2019.

[64]祖晓梅.跨文化交际.[M].北京:外语教学与研究出版社,2015.

[65]陈嘉.大学英语教学中跨文化交际意识及能力的培养——评《文化与大学英语教学》[J].中国高校科技,2020(10):103.

[66]董菊霞.跨文化交际与英语口语能力的培养研究[J].今日财富,2019(23):115-116.

[67]高娜.文化意识在高中英语教学中的培养[J].现代交际,2020(19):185-187.

[68]归虹.跨文化交际能力视域下的航空乘务英语教学研究[J].英语广场,2020(29):122-124.

[69]何毅.跨文化交际视域下的大学基础英语教学模式探究[J].

现代职业教育,2021(22):156-157.

[70]Bennett,Milton J. Basic Concepts of Intercultural Communication: Selected Readings[M]. Boston:Intercultural Press,1998.

[71]Benveniste,Emile. Problems in General Linguistics[M]. Coral Gables:Ubiversity of Miami Press,1966.

[72]Bolinger, Dwight & Donald A. Sears. Aspects of Language [M]. New York:Harcourt Bruce Jovanovich Inc. ,1981.

[73]Byram, M. From Foreign Language Education to Education for Intercultural Citizenship: Essays and Reflections[M]. Clevedon, UK:Multilingual Matters,2008.

[74]Coperias, M. J. Intercultural communicative competence in the context of the European higher education area[J]. Language and Intercultural Communication,2009(04).

[75]Fries. Teaching and Learning English as a Foreign Language [M]. Ann Arbor,Mi:University of Michigan Press,1945.

[76]Hanvey, Robert G. Cross-cultural Awareness[M]. Hunan Education Press,1998.

[77]Imahori, T. & Lanigan. Relational model of intercultural communication competence[J]. International Journal of Intercultural Relations,1989(03).

[78]Johnson, J. , T. Lenartowicz & S. Apud. Cross-cultural competence in international business: Toward a definition and a model [J].Journal of International Business,2006(37).

[79]Lewis, M. M. Infant Speech: a Study of the Beginnings of Lanuage[M]. London:Kegan Paul,1936.

[80]Lustig, M. & J. Koester. Intercultural Competence: Interpersonal Communication across Cultures[M]. Shanghai:Shanghai Foreign Language Education Press,2007.

[81] Michael Byram. Teaching and Learning Language and Culture. Clevedon[M]. UK:Multilingual Matters Ltd. ,1994.

[82]P. R. Harris & R. T. Moran Managing Cultural Differences [M]. Houston,TX:Gulf,1996.

[83]Perry, L. & Southwell. Developing intercultural understanding

and skill:Models and approaches[J]. Intercultural Education,2011(06).

[84]Ruben,B. The study of cross-cultural competence: Traditions and contemporary issues[M]. International Journal of Intercultural Relations,1989.

[85]S. Tingtoomey. Communicating across Cultures[M]. New York:The Guilford Press,1999.

[86]Samovar,L. & Porter,R. Communication between Cultures[M]. Belmont,CA:Wadsworth Publishing Company,1995.

[87]Seelye, N. Teaching Culture: Strategies for Intercultural Communication[M]. Lincolnwoo:National Textbook Co. ,1985.

[88]Spitzberg. A model of intercultural communication competence[A]. In Samovar, L. and R. E. Porter, eds. Intercultural Communication: A Reader[C]. Belmont,CA:Wadsworth Publishing Co. ,2000.

[89]Thomas. Cross-Vcultural Pragmatic Failure[J]. Applied Linguistics,1983(02).

[90]Valdes. Culture Bound:Bridging the Cultural Gap in Language Teaching[M]. Cambridge, UK:Cambridge University Press,1986.

[91]W. B. Gudykunst. Intercultural Communication: Introduction in W. B. Gudykunst Locations[M]. New York:Mc Graw-Hill Higher Education,2003.

[92]Whitney,W. D. Nature and Origin of Language[A]. The Origin of Language[C]. Bristol:Thoemmes Press,1875.